100円グッズで学級づくり

人間関係力を育てるゲーム50

土田 雄一 編著

図書文化

まえがき…4

第1章　学級づくりの協力ゲーム

第1節　遊び・ゲームで育てる学級集団…6／第2節　協力ゲームで育てる集団の理論…11／第3節　協力ゲームの手順…16／第4節　100円グッズ活用のために…22

第2章　いろいろ使える基本グッズ

●**生活用品**　キッチンタイマー【絶対時感リレー】…28

●**衣料品**　アイマスク【トラストヒットリレー／トラストアート／いまの私，どんな顔してる？】…30

●**文房具・スポーツ用品**　ふせん【可動式カードすごろくトーキング】…34／ビーチボール【ビーチボールバレー／宅配便リレー／ビーチボールドッヂ】…36／カラーコーン（小）【両手でキャッチ】…40／メガホン（大）【スーパーモデルリレー／新・聖徳太子ゲーム／メガホン野球】…42／各種ボール【サウンドシュート】…46

●**その他**　ハンドベル【サウンドナビ】…48／サイコロ（丸型）【サイコロドゥーイング】…50／○×カード【自己紹介○×クイズ】…52

第3章　キラリと光る応用グッズ

●**生活用品・食器類**　洗濯ばさみ【紙送りリレー／洗濯ばさみタワー／洗濯ばさみ相撲】…56／すべり止めマット【友達の木】…60／紙コップ【ピラミッダー／聖火ランナー／ころころペアリレー】…62／ジャンボストロー＋広口ビン【元気が出るおみくじ】…66／サラダスプーン【挟んでバランスリレー】…68

●手芸用品・衣料品　平ゴム【みんなで輪くぐり】…70／毛糸【台風が来たら】…72／バンダナ【バンダナンダ？／バンダナの使い方は？／増殖二人三脚】…74

●園芸用品　アームカバー【てのひら伝達ゲーム】…78／多目的ネット【キングをとれ！】…80／花台【花台カーリング】…82

●文房具・スポーツ用品　名札【ストーリーをつくろう！／私は何？／みんなつながり】…84／紙テープ【グループジャンプ／逃亡者は一心同体／スピードランナー】…88／ビブス【ビブス着せかえリレー】…92／ピンポン【流しピンポン】…94

●その他　ひらがなトランプ【あなうめ言葉】…96／ひらがなスポンジ【みんな集まれ！／おぼれる動物を助けろ！／リズムでドン】…98／風船【風船取り／ドキドキ テープはがし／風船割りリレー】…102／プラチェーン【フレンド・ウェブ】…106／アルファベットパズル【ABCつなげて見つけよう】…108

付録

　作戦会議シート…26

　「サイコロドゥーイング」モデルシート…54

　100円グッズを使った授業例…110

　おみくじシート…112

　「台風が来たら」役割カード…114

　「台風が来たら」アクションカード…115

　「リズムでドン」お題集…116

あとがき…117

まえがき

　子どものころに，遊びを通して人間関係づくりを学んだり，遊びを創り出す楽しさを味わったりした人は多いだろう。時代が変わっても，子どもたちにとっての遊びには同様の意味がある。本書は，その遊び（ゲーム）を，「100円グッズ」を活用して，人間関係づくりに役立つ楽しく面白いものにしようとするものである。

　本書の特徴は①100円グッズを活用した多様な協力ゲームを紹介していること②協力ゲームでは「作戦会議」を重視していることである。

　子どもたちには，人とかかわることを「むずかしいから避ける」のではなく，「作戦会議」やゲームでのかかわりを通して，「うまく乗り越えるコツ」を学んだり，「楽しい」と感じたりしてほしいのである。

　「人とかかわることは，むずかしいときもあるけど，楽しい！」

　本書のゲームを試した子どもたちが，このような感想をもってくれたらうれしい。

　だからといって，「本書で紹介するゲームが最高」とか，「ゲームをすれば必ず人間関係がよくなる」とは考えていない。子どもたちの実態は状況によってそれぞれ違うし，ゲームにもまだまだ工夫・改善の余地があるからである。工夫次第では，もっと面白くて子どもたちの人間関係が促進されるゲームができる。本書はその「たたき台」である。先生方がよりよい学級経営，教育実践をするための「参考資料」なのである。

　そして子どもたちには，「自分で遊び（ゲーム）を創る面白さ」を知ってほしい。「ルールをこう変えた方が面白い」「このグッズを使うともっと楽しい」と考えてゲームを創作する子どもが増えることを願ってやまない。

　「遊び（ゲーム）は子どもを育てる」。

第1章
学級づくりの協力ゲーム

第1節　遊び・ゲームで育てる学級集団

■　人とのかかわりを求める子どもたち

　「最近の子どもたちは人間関係づくりが下手だ」といわれるようになってずいぶん経つ。家庭や地域・社会など，子どもたちを取り巻く環境が変化し，「遊び」まで変化しているのだから，子どもたちの人間関係力が変化していくのは当然ともいえる。そのことを嘆いてばかりもいられない。

　しかし，このところ「新たな変化の兆し」を感じる。というより，「もともとあったものが表面化してきている」のではないかと思う。

　それは，「**子どもたちが人と人とのつながりを求めている**」ということである。個別にマイペースで生活すればよいのではなく，人とのかかわりを欲している面がみられる。

　例えば，対戦型のカードゲームは1人で遊んでもつまらない。モバイル式の各種ゲームのなかには，コンピュータとの対戦だけでなく，多くの友達と遊ぶことを前提として開発されているものもある。携帯電話も，複数で同時に話せる機能つきのものが発売され始めている。テレビのバラエティ番組も，個人の力でなくグループやチームで行う楽しさやむずかしさをテーマとしたものが増えてきている。

　「**人とかかわることはむずかしいけど，楽しいこと**」ということが再び認識され始めているのである。

■　「遊び」と「人とかかわる力」

　では，その「人とかかわる力」はどのようにして身につくのだろうか。

　子どもたちの場合，極論すれば「遊びを通して身につくもの」だと考える。自分以外の人との遊びを通して，楽しさを味わうとともに，

　「自分の思うようにいかないもどかしさ」

「負けてしまった悔しさ」
「自分と違う人とうまくかかわることのむずかしさ」
などを学ぶのである。

　最近は「子どもたちの多忙化」が指摘されており，自由に友達と遊ぶ時間や場所がなくなってきている。特に高学年は，塾や習い事などで忙しい。
　この「多忙化」が子どもたちの現状であるとするならば，「遊びの機会やヒント」も学校が提供していかなければならない時代がきているといえるだろう。それも，昔の遊びに，現在の子どもたちにマッチしたさまざまな工夫を加えて提供し，子どもたちの「遊び心」を刺激する必要がある。
　もちろん，「遊び」を含めてすべてを学校が引き受けることには賛成できない。しかし，人間関係づくりの基礎を学級で育てるためには，さまざまな遊びを，工夫をこらして実施することが必要ではないだろうか。
　これまでも，学級活動や体育などで，人間関係づくりをテーマにしたさまざまなゲームを実践してきた方たちはたくさんいる。その効果は確かにあるし，これからもますます必要な実践・取り組みである。**その「遊び・ゲームのアイテム」を増やす提案**をしているのが本書である。

■ 遊びの幅を広げる「道具」

　人が集まれば，道具がなくても遊ぶことはできる。「おにごっこ」など動きのある遊び，「しりとり」など言葉遊びも道具なしでできる。しかし，道具を加えると遊びは広がる。例えば「おにごっこ」にボールを加えて，おにがキャッチボールしている間をボールをよけて往復する「六ムシ」という遊びにできる。道具があれば，工夫次第で多様に広がるのである。
　道具1つで遊びが広がったら楽しい。近くの100円ショップに行けば，大小合わせて，実にさまざまな種類のボールが手に入るのである。105円なら，子どものおこづかいでも買うことができる。

■ 100円グッズの長所

　遊びを広げる「道具」として，100円グッズは手に入れやすく，ほかにもさまざまな長所がある。100円ショップも，最近では「単に安い」というイメージから質の向上がみられ,消費者のニーズに対応している。「ファイルなどの文房具は100円ショップで買う」という先生方も多いのではないだろうか。私もその1人である。

　100円グッズのよさは，100円という値段の安さだけではない。その豊富な品ぞろえにある。ある大手の100円ショップでは，実に6万点ものアイテムを店頭に置いているという。そのなかには，人間関係づくりの促進に役立つ「うれしいグッズ」も多いのである。

■ 100円グッズを利用した人間関係づくりゲーム

　私は,「人間関係づくりの理論と演習」などの研修会の講師を頼まれることがある。研修では，構成的グループエンカウンター（以下SGE）の基本エクササイズなどを紹介することが多い。最近では，SGEを知っている先生方もだんだん多くなってきた。うれしいことである。

　それに伴って，より質の高い，面白くて役に立つ新作を提供しなければならなくなった。そこで，ここ2年ほど,「100円グッズ」に着目して，人間関係づくりに役立つさまざまな演習を考え，実施してきた。SGE関連本に紹介されているものとは別のもの（似ているものもあるが）である。私が100円グッズに着目したのは,「アイマスク」などそのまま使えるグッズが廉価で手に入ることや，さまざまなグッズが店頭に並んでいるので，陳列を見ながら演習を考えることができることなどが理由である。

　本書でも紹介しているジャンボストローと広口ビンを使った「元気が出るおみくじ」（P.67参照）や，カラーコーン，風船，○×カードを使った演習は，予想していた以上に好評だった。演習ではないが，ハンドベルの

活用は「合図が聞き取りやすく心地よい」と大好評だった。ある受講者からは「『100円グッズで人間関係づくり』という本ができますね」などと冗談まじりに言われたものである（ほんとうになってしまった）。

それらの研修で得た効果を踏まえ，本書では，「100円グッズ」の効果的な使い方の一端を「人間関係づくり」を切り口に紹介した。そのほかにも，理科や社会，算数，家庭科など，さまざまな教科学習への切り口があるだろうが，ここでは，「協力ゲーム」「集団を育てる演習」にしぼって30グッズを取り上げ，50個の活用ゲーム・演習を紹介している。そのほかにも簡単に紹介したゲーム・使用方法は49個になる。

■ **人間関係づくりとグッズ（アイテム）**

人間関係づくりをするには，「何もない」よりは「何かあったほうがよい」。出会った当初であればグッズが共通の話題になる。共同作業で時間と空間を共有し，居場所づくりがしやすくなる。ふれあいは笑いを生み，楽しく笑うことで緊張がほぐれ，ストレス発散にもなる。笑いの効果については，「落語を聞く前後で，半数以上の人のストレスホルモンが減少した」との研究報告もある（大阪府立健康科学センター，『朝日新聞』2006年2月14日朝刊）。グッズがあれば，集団に入る側も受け入れる側も，緊張感が和らぐ。

また，お互いによく知っている間柄であっても，何かアイテムを加えた新しいゲームをすることで目先が変わり，活動が活性化する。新たな気づきが生まれるかもしれない。人間関係が深まるかもしれない。

それらを促進するためには，やはり「何か活動する」ことなのである。人とかかわる活動をしなければ，新しい人間関係は生まれないのである。そして，グッズは，その活動の潤滑油になりうるのである。

■ 適応指導教室にみる人間関係づくり

　人はどのようにして新しい人間関係をつくっていくのだろう。出会ってすぐに話ができる人はよいが，なかなか自分から話ができなかったり，うまく対応できなかったりする人もいるのではないだろうか。その問いに答えるヒントが，適応指導教室（教育支援センター）にある。私が適応指導教室で不登校の子どもたちとのかかわりを通して学んだことを紹介する。

　適応指導教室に入級するとき，子どもたちはとても緊張する。もともと人間関係をつくることが苦手なタイプだからなおさらである。そこで，最初はだいたいトランプなどのカードゲームに誘い，「ババ抜き」や「7ならべ」を一緒にやる（慣れてくると「大富豪」などが人気）。

　そこに接点が生じ，関係が生まれる。少しずつ雰囲気が和らぐ。**トランプをしながら，少しずつ会話が広がる。**話すのが苦手なら，あまりしゃべらなくてもゲームはできる。適度に勝ったり負けたりするのもよい。トランプは人と人をつなぐきっかけづくりをする貴重なアイテムなのである。

■ 100円ショップにある「トランプ」と活用方法

　この人間関係づくりで使えるトランプであるが，ある100円ショップには，一般的なトランプのほか「交通標識トランプ」「ひらがなトランプ」「縦長トランプ」「花札トランプ」などがある。すべて100円（税込み105円）である。絵柄が変わっているので目を引き，それが会話の糸口にもなる。教室で班ごとに遊ぶとしても，8班で税込み840円は決して高くない。

　あくまでもこれはひとつの例である。本書では，「ひらがなトランプ」を紹介しているが「通常のトランプとしての活用法ではないゲーム」を掲載している。**つまり，グッズの特性を生かせば使い方は多様なのである。**もっともっと面白い使い方，有効な使い方があるだろう。それをぜひ読者の皆さんにも考えてほしいのである。

第2節 協力ゲームで育てる集団の理論

■ 協力ゲームのねらいの分類

田上不二夫は『対人関係ゲームによる仲間づくり』(金子書房，2003年)のなかで「対人関係ゲーム」を次のように分類している。

①関係をつけるゲーム（関係づけ）
　アドジャン・ジャンケンボーリング・木とリス・探偵ゲーム
②他者と心を通わすゲーム（心の交流）
　わたしの木・森の何でも屋さん・スクィグル・名前の由来
　ユアストーン
③集団活動の楽しさを実感するゲーム（集団活動）
　凍り鬼・人間知恵の輪・人間いす・カモーン
④他者と折り合いをつけるゲーム（折り合い）
　新聞紙タワー・住宅問題・みんなでコラージュ・集団絵画
⑤集団の構造・役割分担を体験するゲーム（「群れ」）
　くまがり・係活動・（特別活動）

（田上，2003年より）

本書では，次の観点で「協力ゲーム」を分類した。

①自己開示・他者理解
②信頼体験
③役割遂行
④合意形成
⑤相互補完
⑥協力体験

本書で特に重視しているのは合意形成と相互補完である。これらは田上の主張する「折り合い」と重なる部分がある。集団活動では「折り合い」

をつけ,「合意形成」をしながら,「相互に補い合う」ことをめざすことが大切である。これは,人間関係力を育てるうえでも特に重要な力である。

■ 人間関係力を育てるには

まず,個人の成長に,学級集団やゲーム・演習がどのような役割を果たすのかについて考えてみたい。

「マズローの欲求階層説」を学級集団に当てはめて考えてみる。

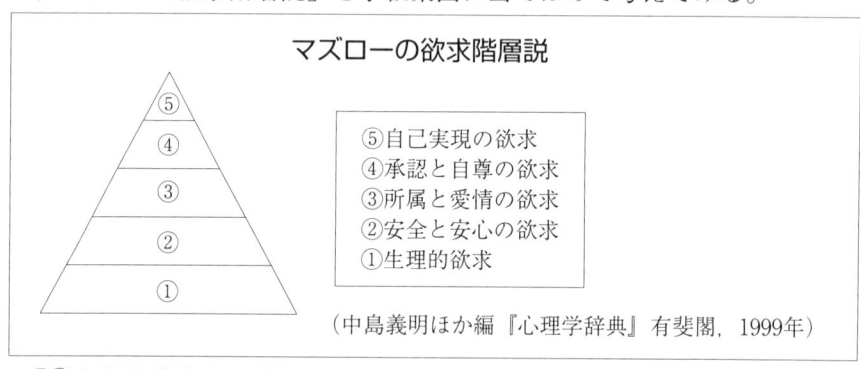

(中島義明ほか編『心理学辞典』有斐閣,1999年)

「①生理的欲求」は満たされているとする。

「②安全と安心の欲求」は,いじめなど明らかに暴力的な被害を身体的心理的に受けていないかぎり,学級においては,保証されているだろう。

「③所属と愛情の欲求」は学級集団に一番かかわりが深い。自分の学級を「居場所」と感じ,「居心地がいい」と感じることができるか,ということである。これを満たすために協力ゲームを行う(詳しくは後述)。

「④承認と自尊の欲求」は,「自分が活躍できた」「少しは役に立てた」と感じ,周囲から認める言葉かけや評価があったときに,満たされる。自信がつき,またやろうという意欲がもてる。③がその基盤となる。

「⑤自己実現の欲求」は③と④の双方が満たされると生まれやすい。④が満たされないと,次のステージをめざす気持ちになりにくいのである。

この③→④→⑤という一連の欲求は,人間関係力を育てるうえで重要で

ある「折り合いをつけ，合意形成をしながら，相互に補い合う」過程で満たされていく。それでは，まず「③所属と愛情の欲求」を満たすには，どうすればよいか。

■「所属と愛情の欲求」を満たす協力ゲーム「グループじゃんけん」

　学級開き当初は，なかなか学級を「居場所」と感じられなかったり，緊張感が高かったりする。その高ストレス状態のなかでどのようにして「居場所」をつくるのかがポイントになる。

　このようなとき，最も多く活用されているのはレクリエーションやゲームである。それも身体的運動を伴う「動的活動」が多く，活動を行うことでストレスがかなり軽減される。この傾向は大人でも同じである。

　私がさまざまな場所で行った演習のなかで，グループの親和性を一気に高め，ストレスを軽減することに役立ったのが，4～5人のグループで行う「勝ち抜きじゃんけん」と「グループ対戦じゃんけん」である。

　勝ち抜きじゃんけんは「2グループの代表1人ずつが相手とじゃんけんし，勝ったら次の人とじゃんけんでき，負けたら交代。相手グループの全員を負かしたら勝利」というゲームである。このゲームは大人でもハマる。その要因は何か，整理してみた。

①声を出すこと（緊張緩和・高揚感）
②グループで自分の役割があること（役割遂行）
③1人の責任になりにくいこと（責任の分担）
④結果はグループで喜び合えること（一体感）
　「所属と愛情の欲求」「承認と自尊の欲求」の充足
⑤1勝以上あげられる可能性が高いこと（達成感・成就感）

　私の行った20近い実践では，全敗のグループはほとんどなかった。1グループあった程度である（後述する方法でその問題も解消）。グループ数

にもよるが，10グループで行った研修会では，最低が2勝，最高が5勝であった。このように強いグループは存在するが，かといって全敗のグループも存在しないことが多い。達成感を感じさせるためには重要である。

しかし1～2勝のグループはあまりうれしくない。そこでルールを変更し，おさまりのつかない気持ちを納得させ，活動への意欲を満足させる。

今度は，「先鋒・次鋒のように決まった相手と1回のみの勝負で行う」のである。勝ち抜きではない。ヒーローは生まれないが，グループで勝つことはできる。これが，「グループ対戦じゃんけん」である。

この対戦では，だれがどこに並ぶかがポイントになる。そこで，**作戦会議の時間を設ける**のである。ここに「折り合い」をつける状況が生まれる。だれかが「リーダー」となり，グループの「合意形成」をすることになる。話し合いが活発でなかったり，リーダーがはっきりしていない場合はしばしばグループ内でじゃんけんをして順番を決めることになるが，いずれにしても，グループでの協力した活動のひとつになるのである。

こうして行う「グループ対戦じゃんけん」で，全敗のグループはほとんどない。「勝ち抜きじゃんけん」で弱かったグループが勝利を納めることも少なくなく，チャンピオングループが入れかわることもある。

このグループでの動的活動を通して，緊張がほぐれ，少しずつ「仲間意識」や「所属感」が生まれてくるのである。

■ 人間関係づくりと100円グッズ

ここでは，「じゃんけん」という，だれもが知っていて，大人でも子どもでも運動能力に関係なくできるものを活用し，効果をあげた。さらに，この人間関係づくりのゲームにアイテムが加わったらどうだろうか。

例えば「アイマスク」という100円グッズがある。手軽に視覚を遮断することができる。これを使うと，「トラストウォーク」など，さまざまな「信

頼体験」を促進するゲーム・演習ができる。

　つまり，集団への抵抗感を少なくするには，**集団での動的活動を含めたゲームや演習が効果的であり，その面白さをさらに促進するためには**「**ちょっとしたアイテム**」があるとよいのである。

■ 人間関係づくりのゲームを通してめざすもの

　これらのゲームを通した人間関係づくりは，何をめざすのか。まず，「よりよい集団づくり」をめざして行うものである。「協力」をテーマとし，そのプロセスを通して，互いの理解が深まったり，自分への気づきが生まれたりすることを期待している。J.ルフトとH.インガムが提唱した「ジョハリの窓」をもとに考えてみるとわかりやすいだろう。すべてを開示する必要はないし，秘密の部分はあってよい。ただお互いに知っている部分が多いほうが親和性が増すことはいうまでもない。

「ジョハリの窓」

	自分で自分を知っている	自分が自分を知らない
他者が自分を知っている	A 自分も他者も知っている 自他ともに認め合う オープンな雰囲気 「開かれた窓」	B 他者は知っているが 自分では気がつかない 自分に盲点がある 「盲点の窓」
他者が私を知らない	C 自分は知っているが 他者は知らない 自己防衛が働いている 「秘密の窓」	D 自分も知らないし 他者も知らない 無意識の部分 「未知の窓」

＊Aの拡大をめざす

　楽しいゲームなどを通して，「開かれた雰囲気」ができればよい。そして，「自他ともに認め合うオープンな雰囲気づくり」をめざす。「あたたかさ」があり，「個の存在感がある」学級集団をめざしているのである。

第3節 協力ゲームの手順

■ 集団を育て，人間関係づくりを促進するゲームの手順

　体験と相互交流を中心にした人間関係づくりの技法は，だいたい3つの要素からなる。

　田上は前出の『対人関係ゲームによる仲間づくり』のなかで，「対人関係ゲーム」の手順を次のように紹介している。

1．インストラクション	**ねらいの説明** 表1-2※のゲームの種類にそって，どのような活動を通して，何をめざそうとしているのかを説明する。 **やり方の説明** ゲームのルールややることについて説明する。 終わり方についても伝える。 <div style="text-align:right">※編集部注：本書ではP.11の上の囲みを参照。</div>
2．ゲームの実施	**ゲームの実行** 必要な指示を与える。 それぞれの子どものようすを観察する。
3．振り返り	**振り返り用紙に記入したり，語り合う** ゲームで体験したことを振り返り，相互に伝え合う。

（田上，2003年）

　ここでのポイントは，「その集団が継続すること」であるという。できるだけポジティブに終わることができるようにリーダー（教師）の介入が必要であると述べている。

構成的グループエンカウンター（以下，SGE）はどうか。おもに次のような手順で進められる。

> ①インストラクション
> 　エクササイズの目的・ルール説明やデモンストレーション。
> 　質問はないか確認する。
> ②エクササイズの実施
> 　ねらいを達成するために準備された課題。
> ③シェアリング
> 　気づいたことを振り返り，分かち合う。

　SGEは「シェアリング」を大切にしていることが大きな特徴であり，個人の感じ方を尊重している。そして，教師は「一人一人の存在を認め，受容する姿勢」「共感的，支持的な態度」「非評価的，非審判的な態度」「自己開示的な態度」で実施するのである。

■ 人間関係づくりを促進する協力ゲーム・演習実施の手順 ─────

　本書で紹介する「協力ゲーム」は，単なるゲーム・レクリエーションとして，「学級活動」「体育」等で自由に活用していただいてよい。
　もし，もう少しつっこんで学級経営に役立てたい，人間関係づくりをしたいと考えるなら，次の手順で行うとよいだろう。

> ①説明
> 　ア　ねらいの説明
> 　イ　ゲーム・演習のやり方の説明
> 　ウ　デモンストレーション（実際にモデルを使って示す）
> ②ゲーム・演習の実施
> 　ア　作戦会議A
> 　　ペアないしグループで話し合いをする。協力するためのポイント，

ゲームの課題を突破するための戦術等を話し合って決める。
　イ　ゲームA中（1回目）
　　グループの励まし，サポートを大切にする。1人でゲーム・演習をしているのではないという意識を常にもって活動する。
　ウ　ゲーム終了後の作戦会議B
　　1回目のゲームの振り返りをしながら，次に行うときの留意点の確認や戦術の変更，修正を行う。
　エ　ゲームB中（2回目）
　　グループの戦術の変更や取り組みの改善をきちんと見取り，声かけをしていく。
③振り返り
　ゲームを通して協力ができたか，自分や友達への気づきや信頼が生まれたかなど，シート（P.26参照）をもとに振り返りをする。このプロセスを通して，自己理解，他者理解を深めていく。
④発展
　ア　ゲームのルールを変更する
　　振り返りでの気づきをもとに「ゲームのルール変更」を考え，話し合う。「自分たちのグループが有利になるようなルール」でもよい。ほかのグループが了承すれば，新ルールで実施する。
　イ　ゲーム・演習を創造する
　　自分たちが学んだことやグッズの素材を生かして，ゲームや演習を創作し，実施する。

「協力ゲーム」の特徴は，「②ゲーム・演習の実施」に「作戦会議」があることと「④発展」があることである（「作戦会議」については後述する）。
　協力ゲームを行うとき，私は特に「④発展」を楽しみにしている。「③振り返り」でさまざまな気づきが生まれると，子どもたちはゲームに対し

てあれこれ考え始める。そこで，もっと面白いゲーム，もっと協力性が高まるゲームを子どもたちに考えさせる。「ゲームの素材」を提供し，そのあと「子どもたちがどのように発展させるか」が一番の面白さである。

「自分たちのグループが勝つためのルール変更」でもよい。さまざまな工夫をして，みんなで楽しみながら競い合うことでもよい。自分たちの個性を生かし，どんなゲームなら楽しめるかを考えるのは「創造性」を育てるうえでも大切なことである。そのとき，後述する「100円グッズ活用の発想法」を提示したり，学習したりしていればさらに有効である。

私の理想は「④発展」の「イ」のように「子どもたちが自分たちでゲームや演習を用意して，実施できる」ようになることである。さまざまなゲームや演習を行うこと，素材を生かすポイントなどを学ぶことを通して，**子どもたち自身が素材を選択したり，ゲーム・演習をつくったりする**ことができれば最高である。

読者の皆さんのなかには，自分たちでゲームをつくり出した経験がある方もいるのではないだろうか。同じような遊びでも，地方によってかけ声が違ったり，若干ルールが違ったりするのはその一例であろう。

「発展」として，子どもたちの「ゲーム開発の時間を確保する」とユニークな活動が生まれるのではないだろうか。

■「集団を育てる」ための「作戦会議」～対立から協調へ～

「集団（グループ）」は「小さな社会」である。「集団を育てる」ことは「社会性を育てる」ことにつながる。社会性を育てるうえで，私が特に大切にしていることは「対立から協調へ」という言葉である。『ユニセフの開発のための教育』（日本ユニセフ協会，1998年）にも示されているが，世界規模で考えると，人種や宗教，育った環境が異なれば，考え方も違って当然である。戦争が後を絶たないのは残念だが，**「対立」をどう乗り越**

えるのか，その力をどうやって身につけるかが大切なのである。「対立から協調へ」の言葉通り，関係を調整する力が必要である。

　自分以外の人たちとかかわるときには，「自分の考えを押し通すこと」が困難なときもある。「引っ込める」のか，「わかってもらうよう説得する」のか，「折衷案を考える」のか，さまざまな選択肢があるだろう。そこで，自己主張をしたり，相手の意見や考えにも耳を傾けたりしながら，どのようにしたらよいかを考え，判断する力が必要になるのである。

　社会性とはただ相手に合わせる力ではない。目的に向かって，どのようにしたらよいかを考え，そのための意見を出し合い，よりよい方向に向けての決断をすることである。だから，「対立」はあって当然。対立を恐れるのではなく，対立してもそれは人格的な対立ではなく，意見や考え方の対立であるという練習をする必要がある。

　この練習の場のひとつがゲームの「作戦会議」なのである。

■ ゲームにおける「作戦会議」のよさ

　なぜ，「作戦会議」がよいのか。
① 「目的が明確」であること
　話し合いをする目的がはっきりしていれば，その目的に対してどの考えでアプローチしたらよいかが判断しやすい。意見も出しやすい。
② 「短時間」であること
　日常生活で対立が生じたときや困ったときなど，判断が迫られる場面では，それほど熟考できないだろう。比較的短時間で情報を集めたり，総合的に判断したりして，決断・実行することになる。この「作戦会議」は，まさにその練習である。ときには時間が足りずに，調整不十分，見切り発車で実施する場合もあるだろう。それは現実の場面でも同じではないか。そのときは，「振り返り」や「作戦会議Ｂ」を大切にして，よりよいもの

にしていくことがポイントである。

③「ルール・約束」があること

　日常生活は「約束事」があってもそれが堅持されないこともある。しかし，ゲームや演習では「このルールで」ということを示すことで「一人一人を守ること」ができる。例えば，「相手の意見を否定しないというルールで話し合いましょう」という指示が出されれば，「相手を非難する言い方をしたとき」は「ルール違反」になる。

　では，意見が違うときはどうするか。「アサーティブ※」な言い方にする。「○○についてあなたはどう思いますか」「私はこう思いますが，これについてどう思いますか」という聞き方である。その前に「相手の考えを認める言い方をする」のもポイントだろう。「あなたの考えは○○の点はとてもいいと思う」という内容を話してから質問する，自分の意見を言うなど，大人の会話では自然なやりとりを作戦会議で練習するのである。

④結果がわかりやすいこと

　立てた作戦の評価をしなくてはならない。この評価はゲームをすることですぐにわかる。「作戦のよしあし」「協力の度合い」などがゲームの結果によって評価される。その評価をもとに「振り返りをする」のである。

⑤発展性があること

　対立から協調をめざした話し合いを進めるプロセスで新たな作戦や方法が生まれる可能性がある。それを発展させて，新たなゲームや演習をするのである。

　このように，「作戦会議」は，コミュニケーション能力を育てる役割も果たしている。

※アサーションに基づく，自分も相手も大切にする意見の述べ方。アサーションについては，平木典子『アサーション・トレーニング』日本・精神技術研究所，1993年や，園田雅代・中釜洋子・沢崎俊之編著『教師のためのアサーション』金子書房，2002年などを参照。

第4節 100円グッズ活用のために

■ 100円グッズ活用の発想法

本書に掲載されているゲームや演習はどのような発想で生まれたものなのか，その一部を紹介する。

①そのまま生かす

アイマスク（P.30）は，「視覚を遮断するもの」である。この機能をそのまま活用して，「視覚が使えない状態だったら」とさまざまな演習を考えている。

○×カード（P.52）も意思表示の道具としてそのまま活用し，「自己開示・他者理解」を促進する演習を紹介している。

②素材を生かす

ア　特徴を生かす

ひらがなスポンジ（P.98）を例にとってみよう。「ひらがなが書いてある」ということだけでなく，「スポンジ」という素材を生かして，さまざまな活動を考えている。なかでも「おぼれる動物を助けろ！」では，スポンジが「水に浮く」ことを生かして，プールで使用することを提案している。水泳指導のなかにひとつアクセントをつけることができる，人間関係づくりの演習である。

イ　弱点を生かす

紙テープ（P.88）は，紙であるから切れやすい。この「切れる」という弱点をゲームの要素に加えたのが，「グループジャンプ」「逃亡者は一心同体」である。いかに「切らないようにして」ゲームを進めるかが面白さのポイントとなる。

風船（P.102）では「割れやすい」ことを生かして，「割る」ことをゲームのルールに盛り込んでいる。

このようにアイテムの弱点と思われるものを転じてゲームに生かすことがポイントである。

③形状を生かす

カラーコーン（P.40）とメガホン（P.42）は形状が似ている。カラーコーンはメガホンにできないが，メガホンはカラーコーンの代用ができる。室内であれば，特に問題はないだろう。

さらに，ひっくり返して使うと，カップ，受け皿としての機能が生まれる。その形状を生かして，「両手でキャッチ」「メガホン玉入れ」などが考えられたのである。

その他，サイコロ（P.50）は，球という形状を生かして，どこに転がるか，止まるかわからないという面白さに加えて，止まったところの指示に従い，その目の回数行うという2つの楽しさを素材の形状や特性を生かして構成している（「サイコロドゥーイング」）。

④加える

アイマスクの「いまの私，どんな顔してる？」（P.33）は，「表情を表す目とまゆをつけ加える」ことによって，演習が構成されている。このように，アイテムに何かを加えることで，より使いやすいもの，効果的なものに変えられるのである。

⑤結合・組み合わせる

「ころころペアリレー」（P.65）では，4つの紙コップをつなぎあわせて「ころ」を作っている。素材の結合である。

アイマスク・ハンドベル・ビーチボールを組み合わせて「トラストヒットリレー」（P.31）を構成している。

ほかにも，ジャンボストローと広口ビンを使った「元気が出るおみくじ」（P.67）など1つのアイテムだけでなく，いくつかのアイテムを同時に使ったり，組み合わせて使ったりすることで，演習の幅に広がりをもた

せることができる。

⑥代用する

　本来の使用目的ではないものを代わりに使う。メガホンをカラーコーンやバットとして使用するものが一番わかりやすいだろう。素材や形状などから代用できるものを考えるとよい。ただし，本来の使用目的外で使用する場合は，危険が生じないかをよく確認しておく必要がある。

⑦ひとひねりする

　通常の使い方にひとつ工夫を入れると面白さが増す。あまりひねりすぎるとよくない。複雑にするとゲームとして活用しづらい。子どもたちにルールが伝わりにくくなる。準備が複雑になることもある。「ひとひねり」くらいでちょうどよい。

■ 「ゲーム」で終わらせない

　「楽しいゲーム」も確かによい。ストレス発散などの効果もある。しかし，それだけで終わりにしては，もったいない。「作戦会議」をしたのなら，「振り返り」をさせたい。ゲーム・演習を通して気づいたことを振り返り，分かち合いたいのである。例えば，「Aさんがうまくフォローしてくれて助かった」「失敗したけど，Bさんが『大丈夫』と言ってくれてうれしかった」など，さまざまな場面で一人一人が感じたことを共有化することに意義があるのである。**人間関係づくりには，互いのコミュニケーションが重要である。終わった後に気づきを分かち合うこと（シェアリング）が人間関係を深めるポイントにもなる。**

■ 子どもたちに活用方法を考えさせる

　100円グッズをどのように生かすか，どのように活用するかは教師次第である。

私が提案したいのは「100円グッズ」を活用した「人間関係づくりを促進する協力ゲーム」の開発を子どもたちに任せるということである。自分たちでプランを考えて実行するのは楽しい。素材の選択やルールづくりを自分たちで行うことが企画力・創造力の育成につながる。作戦会議やルールを変える話し合いのなかで,「折り合い」をつけるだけでなく,互いのアイデアに刺激を受けてよりよいものにしていくのである。これが,本来の「遊びのおもしろさ」だ。「遊びは自分たちで創るもの」,その遊びを創る素材のひとつとして,「100円グッズ」がある。

　「100円グッズ」は,教師にとっても子どもたちにとっても魅力的な素材である。**100円という値段と豊富な種類は,活用の仕方を工夫すればするほど,多様なゲームが考案でき,多様な人間関係づくりができるだろう。**

■ 100円グッズを大切に使う

　本書を「100円グッズの活用を奨励している本」のように受け取られる方もいるかもしれないが,それは少し違う。品物を粗末にすることや,安易な使い捨て文化を奨励しているのではない。**廉価で教育活動に役立つグッズを多様に使うことで,その素材・グッズをさらに生かそうとしているのである。**むしろ「100円グッズを大切に使うことを奨励している本」である。そして,子どもたちのもっている「遊び心や創造性を刺激する本」,教員の「教材開発能力を刺激する本」である。

　読者の皆さんから「子どもたちがこんなゲームを考えました」「私がこんなグッズでやったゲームはもっと効果があります」「学習にもこんな使い方ができますよ」などの反響があるとうれしい。

　「100円グッズ」は,「知的好奇心」を刺激する。

付録：作戦会議シート

　　　　　　　　　　　　　月　　日　　年　　組（　　　　　）グループ
　　　　　　　　　　　　　　　　　　　名前（　　　　　　　　　　）

1　ゲーム名

2　作戦のポイント（ゲームを協力して行うために話し合ったこと）

3　新たな作戦のポイント（次のゲームに備えた修正プランなど）

4　今日の活動をふり返って

	とても	まあまあ	あまり	ぜんぜん
①楽しく活動することができた	4	3	2	1
②友達と協力して活動することができた	4	3	2	1
③「作戦会議」で自分の意見を言うことができた	4	3	2	1
④友達の意見をよく聞くことができた	4	3	2	1

5　考えたこと・感じたこと（友達についての発見など）

※本シートは，本書のほとんどのゲームで使用できる。

第2章
いろいろ使える基本グッズ

生活用品

キッチンタイマー

土田　雄一

お役立ち度　★★★★

グッズの特性・注意点

[特] 設定時間が経過するとアラームが鳴る。ストップウォッチ機能つきのものもある（このタイプは150円）。磁石が裏面に付いており，黒板に貼れる。設定が簡単なので低学年でも使用可能。

[注] 液晶画面が小さく，数字がやや見づらい。電池は別売り。

便利な使い方

　本来は生活用品。「時間がたつとアラームが鳴る」という機能を生かして，家庭科の時間だけではなく，日常の授業でも活用できる。「5分間ドリルテスト」「10分間ゲーム」など正確に音で知らせてくれる。ストップウォッチ機能つきのものは，かかった時間の計測もできる。

○「タイムボカンゲーム」

　➡輪になって座り，1分間ボールを回す。タイマーが鳴ったときにボールを持っていた人がカードを引き，「腹筋10回」など，カードに書かれている事柄を行う。

| 相互補完 | 学級活動 | 15分 | 全学年 |

ゲーム　絶対時感リレー

活動場所：教室

準備物：キッチンタイマーを各グループ1つ

ねらい：時間感覚を身につけ、お互いに補い合って、課題タイムに近づけるよう協力できる。

なぜこのグッズ？：機械を使うことで時間感覚に集中できる。

手順：1グループ4〜5人。タイマーの液晶画面にはふせんを貼って隠す。1人ずつ順にタイマーのスタートボタンを押し、1人分の設定タイム（例：15秒）がきたと思ったらストップを押し次の人に渡す。アドバイスしたいときはジェスチャーで合図してもよいが、声は出さない。全員の合計タイムが課題タイム（例：1分）に最も近いグループの勝ち。

協力を高めるポイント：時間の測り方やアドバイスの合図について、作戦会議をしてから2回戦をやると、より協力し合える。

展開上のコツ：算数など、時間を扱う授業の前に行うと、授業への関心や意欲を高めることができる。

衣料品

アイマスク

重　歩美

お役立ち度　★★★★

グッズの特性・注意点

特 タオル・手ぬぐいより手軽かつ確実に，目隠しができる。

注 同じものを何人かで使い回す場合，目の病気などに配慮する必要がある。清潔に保ち，目の部分にティッシュを当てるなどの対応を考える。

便利な使い方

　装着すると，目が見えない状態をつくり出せるので，「視覚以外の感覚を働かせる体験」「視覚障害をもつ人の立場に立つ擬似的な体験」などに活用できる。障害物競争などではバトン代わりに使うこともできる。

○「トラストウォーク」※

　➡ 2人組になり，1人がアイマスクをし，1人は声を出さずに腕を組んで教室をひとまわりする。互いに感想を述べ，信頼について味わう。

○「私はだあれ？」

　➡ 1人がアイマスクをし，グループの友達と握手をして，だれの手かをあてる。あてられるほうは声を出さない。

※國分康孝監『エンカウンターで学級が変わる　ショートエクササイズ集』図書文化，1999年。

信頼体験 / 総合 / 20分 / 中・高学年

ゲーム1　トラストヒットリレー

※「たたくポイントに来たら足踏みをする」など合図を事前に打ち合わせておく。

活動場所：体育館

準備物：アイマスク・ビーチボール・新聞紙を丸めた棒・ハンドベルを各グループ1つずつ

ねらい：助け合う過程を通して、お互いに信頼し合うことができる。

なぜこのグッズ？：アイマスクは特別な役割だという印象を演出できる。激しく動いてもずれない。

手順：1グループ8〜10人。2人組になり、1人がアイマスクをし、もう1人がハンドベルを鳴らして誘導する。声は出さない。ボールに当てたらポイント獲得、はずしたら次の組にリレー。制限時間内の獲得ポイントを競う。

協力を高めるポイント：ベルの鳴らし方の工夫や「もう少し前に出て」などを声を出さずにどう伝えるか、作戦会議をする。振り返りでは、助けたとき・助けられたときどう感じたかを話し合う。

展開上のコツ：音を混同しないよう、グループ同士は少し離れて行う。まず声で指示するやり方で練習してみて、コツをつかむとよい。

第2章　いろいろ使える基本グッズ

ゲーム2　トラストアート

活動場所：教室

準備物：アイマスクをペアで1つ，紙・筆記用具を人数分

ねらい：相手の意図をくんで，わかりやすい指示を出し，指示を生かそうとすることで，お互いを信頼し合うことができる。

なぜこのグッズ？：装着しやすく，長時間つけていても負担が少ない。

手順：2人組になり，1人がアイマスクをしてお題の絵をかく。かく前にどうかきたいかを相手に伝え，相手はそれを助けるような指示をする。終わったら役割を交代する。2人ともかき終えたら，どちらの意図をよりくんだ絵になったか，かいた過程を振り返る。

協力を高めるポイント：かく前に，鉛筆を置く位置や動かす方向について「○cm右」「2時の方向に動かして」など，お互いに伝わりやすい指示の出し方を話し合う。

展開上のコツ：お題は「うさぎ」など，だれでもかけそうな簡単なものや，子どもによく知られているキャラクターなどにする。

自己開示 他者理解	総合	45分	中学年 高学年	

ゲーム3　いまの私，どんな顔してる？

活動場所：教室

準備物：アイマスクを各グループ1つ，目とまゆで表情を示した絵を各グループ10種類程度

ねらい：自己開示能力をはぐくむ。また，ほかの人の感じ方を知ることで，他者理解を促進する。

なぜこのグッズ？：表情の例示が簡単。装着者にだけ表情が見えない状況を手軽に演出できる。

手順：1グループ5〜6人。1人がアイマスクをし，本人には教えずに，ある表情の絵を貼り付ける。ほかの人は，自分がその表情になるのはどんなときかを順に言う。アイマスクをした子はそれを聞いてどんな表情かを予想し，「自分がその表情になるのはこんなとき」を言う。あたっていればグループ全員の拍手で賞賛する。

協力を高めるポイント：必ず全員が自己開示する。あてられないときは，「こんなときもそうだよ」と，2回目を言ってヒントを増やす。

展開上のコツ：悪口など，他人を傷つけることは絶対に言わない。

第2章　いろいろ使える基本グッズ

文房具・スポーツ用品

ふせん

本島　亜矢子

お役立ち度　★★★★

グッズの特性・注意点

特 色・大きさ・形が用途に合わせて選べる。繰り返し貼ったりはがしたりできる。

注 粘着力は徐々に低下する。文字の上に貼ると、はがす際、筆記用具によっては下に書いた文字が接着部分にうつってしまうことがある。

便利な使い方

メモ用紙として随所に貼りつける。本に挟んで目印にする。

○アイデアのグループ分け（グループでの話し合いで）

➡課題について自分の考えをふせんに書き出していく。それをグループで検討し合い、ふせんを移動させながら似た意見を分類していく。最後にグループの意見をまとめて発表する。

○「カラーで相手をさがそう」※

➡ふせんの接着部分がある面に色の名前を書き、半分に折ってくじとして使う。くじに書いてある色の名前をいっせいに読み上げ、同じ色の名前を言った人と2人組になる。

※國分康孝監『エンカウンターで学級が変わる　ショートエクササイズ集 Part 2』図書文化、2001年。

自己開示 / 他者理解 / 学級活動 / 45分 / 全学年

ゲーム　可動式カードすごろくトーキング

第2章　いろいろ使える基本グッズ

※保健室登校の子どもを対象に行ってもよい。
子どもとの人間関係づくりのツールとして
使うことができる。

活動場所：教室・保健室

準備物：ふせん，台紙（マス目を印刷した四つ切り画用紙）・サイコロを各グループ1つずつ

ねらい：相手の内面に迫る質問をつくったり，それに答えたりして，自他に対する理解を深める。

なぜこのグッズ？：自由に貼りかえられるので，グループごとに違うすごろくを作ることができる。

手順：1グループ4～5人。1人5，6枚のふせんに聞きたいことや話したいことなど，自己紹介につながる質問を書く。「1回休み」「○個進む・戻る」等も1人1枚作る。ふせんの順番を話し合い，台紙に貼ってスタート。ふせんの指示に従ってすごろくをする。

協力を高めるポイント：質問の項目を書く時間や，ふせんを貼る順番・サイコロを振る順番など，どのように進めるかの話し合いの時間を多めにとる。

展開上のコツ：「話しにくいことは書かない」「言いたくないときはパスあり」をルールにする。

小丸信一「スゴロクトーキング」國分康孝監『エンカウンターで学級が変わる　ショートエクササイズ集』図書文化，1999年を参考に作成。

文房具・スポーツ用品

ビーチボール

土田　雄一

お役立ち度　★★★★

グッズの特性・注意点

特 柔らかいのであたっても痛くない。空気抵抗を受けやすく，動きを予測しづらい面白さがある。

注 屋外で使うと傷つき，空気がもれることがある。思わぬ方向へ飛ぶこともあるので，屋内では提示物を倒して壊したりしないよう注意する。

便利な使い方

軽くて扱いやすいので，運動の得手不得手にかかわらず，球技に親しむことができる。また，水に浮くので，水泳実習などで水に慣れるための道具としても使うことができる。

○「円陣トス」
　➡4〜5人のグループになり，ボールを床に落とさずにどれだけトスが続けられるか，グループ全員で協力して競う。

○「自己紹介トス」※
　➡円になり，自分の名前や好きなものを言いながらボールを投げ，受け取った人は同様に自分の名前などを言って次の人にボールを投げる。

※國分康孝監『エンカウンターで学級が変わる　ショートエクササイズ集 Part 2』図書文化，2001年。

役割遂行 / 休み時間 体育 / 45分 / 全学年 中学生

ゲーム1　ビーチボールバレー

わかった！

Aくん
お願い！

第2章　いろいろ使える基本グッズ

活動場所：体育館
準備物：ビーチボール・バドミントンネット・得点板・空気入れを2グループで1つずつ
ねらい：作戦会議で自分の役割を確認し，目的のために協力し合う。
なぜこのグッズ？：ボールが扱いやすいので，運動の得手不得手にかかわりなくゲームに集中できる。
手順：通常の6人制バレーボールを基本に，1セットの点数と人数は子どもたちが話し合って決める。
協力を高めるポイント：グループのメンバーが互いにどれだけフォローできるかが勝負の決め手になる。「声をかけ合うとスムーズにいくよ」など，具体的なヒントを与えたり，作戦会議の時間をとったりして協力し合えるようにする。
展開上のコツ：対戦する2つのグループの力に差がある場合，コートの広さを変える（シングルス用とダブルス用）などのハンデをつける。また，アタック禁止などのルールを自分たちで考案したりしてもよい。

|信頼体験|体育|15分|全学年|

ゲーム2　宅配便リレー

（がんばれ〜）
（押しすぎないように気をつけて…）
（気持ちを合わせて…）

※スタート・交代のときと，落としたときは手を使ってもよい。

活動場所：体育館・校庭

準備物：ビーチボール・カラーコーンを各グループ1つずつ

ねらい：動きを合わせて目的を達成することで，相手を信頼して行動することを学ぶ。

なぜこのグッズ？：グッズを介することで，身体接触への抵抗感を減らすことができる。

手順：1グループ10人程度。2人組になり，体を使ってボールを挟み，落とさないように運んでカラーコーンを回り，リレーする。手でボールを持つのは禁止。全員がゴールするまでの早さを競う。

協力を高めるポイント：トラブルには「振り返り」を行い，どんな気持ちか，どんなところがいけなかったか考えさせる。作戦会議をして，2回戦をやるとよい。

展開上のコツ：ボールを挟む場所を顔・腹などと指定してもよい。ボールを落としたら「スタートからやり直し」「失格」などと自分たちで決めると，ルール遵守の意識も高めることができる。

| 協力体験 | 休み時間 | 体育 | 45分 | 全学年 |

ゲーム3　ビーチボールドッヂ

活動場所：体育館・校庭

準備物：大きさの違うビーチボールを2つ

ねらい：お互いに助け合ってゲームを行い，協力する楽しさを味わうことができる。

なぜこのグッズ？：当たっても痛くないので，球技が苦手な子も恐怖心が少なくなる。大きさが違うボールを使うことで，ボールのスピードと軌道に変化がでて面白い。

手順：大きさの違う2個のボールを使ってドッヂボールを行う。

協力を高めるポイント：ボールを受け止められずに弾いても，ボールが上に上がりやすく，仲間がキャッチしやすい。フォローの仕方を事前に作戦会議で話し合っておくと助け合う場面が増える。当たっても痛くないので，いつもよけている子にもチャレンジさせ，協力する楽しさを味わわせたい。

展開上のコツ：耐久性が弱いのでけるのは厳禁。風の影響を受けやすいので，強風の日の屋外は避ける。ボールは1個でも可。

第2章　いろいろ使える基本グッズ

文房具・スポーツ用品

カラーコーン（小）

土田　雄一

お役立ち度　★★★★

グッズの特性

特 プラスチック製で丈夫。コンパクトで，重ねると収納場所をとらない。位置を示す目印として活用しやすい。大きさは大・中・小があり，軽くて持ち運びしやすい。

便利な使い方

各種リレーなどで目印として使える。狭い教室や多目的室などの室内でも手軽に活用できる。用途によって，大きさや色を変えて活用するとよい。

○「グループ対抗輪投げ」
　➡新聞紙をねじって輪投げの輪を作る。2グループずつ対抗で行い，エリア内のカラーコーンにいくつ輪を入れられるかを競う。エリア内のカラーコーンの位置は対戦相手のグループが決める。

○「アイスクリームリレー」
　➡カラーコーンを逆さにしてボールをのせ，落とさないようにリレーをする。ボールの大きさや障害物などを工夫すると，発達段階に応じて難易度を上げることができる。

相互補完 | 体育 | 10分 | 中・高学年

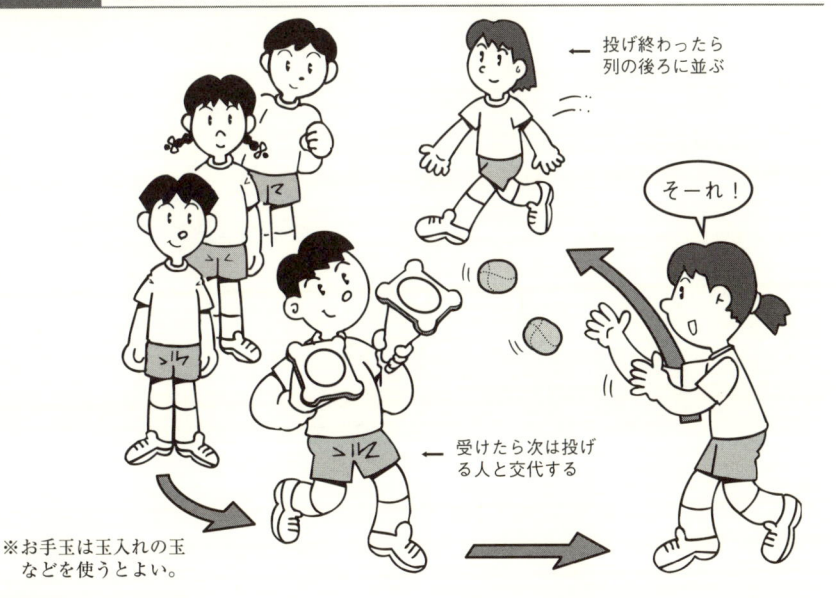

ゲーム　両手でキャッチ

（吹き出し・注釈）
- 投げ終わったら列の後ろに並ぶ
- そーれ！
- 受けたら次は投げる人と交代する
- ※お手玉は玉入れの玉などを使うとよい。

第2章　いろいろ使える基本グッズ

活動場所：体育館

準備物：カラーコーン・お手玉を各グループ2つずつ

ねらい：相手が取りやすいよう，また投げやすいように考えて行動することができる。

なぜこのグッズ？：持ちやすく軽くて丈夫。お手玉などをキャッチするのに適している。

手順：1グループ6〜10人。2m程度離れて向かい合い，投げ手はお手玉，受け手はカラーコーンを両手に1つずつ持つ。投げ手がお手玉を2個同時に投げ，受け手はカラーコーンでキャッチする。次に受け手は投げ手と交代し，次の人が受け手になる。グループ全員でキャッチできた数を競う。

協力を高めるポイント：練習として1回戦をやり，相手と呼吸を合わせるにはどうするか，作戦会議をしてから2回戦をやるとよい。

展開上のコツ：距離は学年や技能などにより変更する。制限時間を設け，何個キャッチできるかを競うようにしてもよい。

文房具・スポーツ用品

メガホン（大）

土田　雄一

お役立ち度　★★★★★

グッズの特性・注意点

特　プラスチック製で比較的丈夫。頭にすっぽりかぶることができるくらいの大きさ。円錐の形状を生かした活用ができる。重ねると収納場所が少なくてすむ。

注　ふちの部分はほかの部分に比べて弱いので，メガホン野球などでは布ガムテープで補強して活用する。

便利な使い方

応援グッズとして活用するほか，位置の目印としてのカラーコーン（P.40参照）の代わりとしても使える。安定性がよいので，十分に代用できるが，風に弱いので，屋外で使用する場合は注意する。

○「メガホン玉入れ」

➡ 1グループ10人程度。直径5ｍ程度の円の中心に1人がメガホンを持って立つ（受け手）。ほかのメンバーは円の外側からお手玉を投げ入れ，受け手は手を使わずメガホンでキャッチする。受け手は円の中心から動いてはいけない。制限時間内にキャッチできた数を競う。

| 合意形成 | 学級活動 体育 | 15分 | 高学年 |

ゲーム1　スーパーモデルリレー

活動場所：体育館

準備物：メガホン・カラーコーン・お手玉ないし各種ボールを各グループ1つずつ

ねらい：お手玉を落とさない方法を話し合い，グループで協力するための方針を決めることができる。

なぜこのグッズ？：頭にすっぽりかぶることができ，見た目にも面白い。丈夫で壊れにくい。

手順：1グループ5～6人。メガホンを頭にかぶり，てっぺんにお手玉をのせてカラーコーンを回り，次の人にリレーする。全員が早くゴールしたグループの勝ち。

協力を高めるポイント：「どうしたら落とさず早く歩けるか」について作戦会議をする。失敗したら成功の方策について話し合わせる時間を多めにとる。

展開上のコツ：2回目以降は，1回目で勝ったチームからのせるもの（大小のボール，人形など）を選べるようにしてもよい。安定してかぶれない子もいるので，メガホンは手で支えてよいこととする。

第2章　いろいろ使える基本グッズ

| 役割遂行 | 学級活動 | 30分 | 全学年 |

ゲーム2　新・聖徳太子ゲーム

活動場所：教室

準備物：メガホンをグループの人数分，4～5文字の言葉（国名・動物等）を書いたカード

ねらい：役割を決めて情報を整理しまとめることを通して，協力して問題を解決することができる。

なぜこのグッズ？：メガホンで見えないので口形がわかりにくい。また大きな声になり，全体がわかりにくくなるので，視覚より聴覚への集中を高めることができる。

手順：1グループ4～5人。引いたカードの言葉を，メガホンを使っていっせいに1人1文字ずつ言う。ほかのグループは，合わせると何という言葉かをあてる。

協力を高めるポイント：グループ内で「だれがだれの声を聞き取るか」を決める役割分担の作戦会議と，「聞いたものを組み合わせる」話し合いに多めに時間をとる。

展開上のコツ：「聖徳太子ゲーム」を事前に行うとコツがつかみやすい。早押しで答えるグループ対抗戦にしてもよい。

朝日滋也「聖徳太子ゲーム」國分康孝監『エンカウンターで学級が変わる　小学校編』図書文化，1996年を参考に作成。

ゲーム3　メガホン野球

活動場所：体育館・校庭

準備物：メガホン・やわらかく軽いボールを1～2個，野球のベース等

ねらい：個性に応じた役割を果たし，協力して野球をする。

なぜこのグッズ？：丈夫であり，当てる部分が太いので，運動が苦手な子でもボールが打ちやすい。

手順：メガホンをバットにして通常の野球のルールで行う。ただし，ピッチャーは下から投げる。

協力を高めるポイント：「ポジション決め」の作戦会議が必要。個人の希望や技能を考慮させる。応援や失敗へのフォローなどについては全体で話し合いをさせ，試合後に振り返りをするとよい。

展開上のコツ：メガホンは片手で持つと打ちやすい。活動場所，技能に応じてルールを工夫する。例えば，上手な子を相手グループが指名する「小さいメガホン指名打者（小さなメガホンを使うハンデ）」など。キックベースなどの経験があると取り組みやすい。

文房具・スポーツ用品

各種ボール

土田　雄一

お役立ち度　★★★★★

グッズの特性・注意点

特 大きさ，色，硬さなどさまざまな種類（形が変わる柔らかな物・中に鈴の入った物など）がある。

注 教室で遊ぶと掲示物を倒す，窓ガラス・備品を傷つけるなど危険を生じることがある。

便利な使い方

　さまざまな球技のアイテムとして使用でき，少人数から大勢でも遊べる。ボールを受けたり，渡したりすると，会話と同様，双方向のコミュニケーションをとることができる。また，柔らかなものは感触がよく，いやしの効果もある。思いきり投げたり，けったりすることでストレスの発散もできる。用途に合わせて選択したい。教室には柔らかい物を中心に数種類，置きたいアイテムである。

○「ラケットベースボール」

　➡野球と同じルールで行い，バットの代わりにテニスラケットで柔らかいボールを打つ。打者・走者にボールをぶつけてもアウトがとれる。

ゲーム　サウンドシュート

「シュートはバウンドさせて下さいね」

※ボールを止めるときは、その場を動かず、体を横たえて止める。
※危険なときは審判グループが止める。

活動場所：体育館

準備物：鈴入りのボールを3グループで1つ，カラーコーンを4個，アイマスクを人数分

ねらい：聴覚を頼りに，仲間を信頼して活動することができる。

なぜこのグッズ？：鈴が入っているので，聴覚で位置が確認できる。

手順：3人組になり，中央に1人，左後方，右後方に1人ずつ座って全員がアイマスクをする。相手のコートからバウンドさせ転がされたボールを，音を頼りに体を横たえて止める。止めたら，同様に相手コートに転がす。止められずラインを越えたら得点。11点制で，コートの広さは縦横10m程度。

協力を高めるポイント：作戦会議で役割分担や，体を横たえる方向について話し合い，確認し合う。

展開上のコツ：安全に十分注意し，お互いにぶつからないように体を横たえる練習を必ず事前に行う。ボールを止めたがうまく拾えない場合は，審判グループが拾って止めた人に渡す。

その他

ハンドベル

土田　雄一

お役立ち度 ★★★★

グッズの特性・注意点

特　声で指示するより聞こえやすく，きれいな音色なので，気持ちがおだやかになる。種類がいくつかあり，音が異なるので変化をつけることができる（写真例は200円と300円のもの）。

注　一度に鳴らすとうるさい。

便利な使い方

　作業のスタートや終了の合図に使う。音が聞き取りやすいので，グループ活動などをしているときの合図にすると，大声で指示する必要がなく，雰囲気が壊れない。普段から「あと1分のベル」「終了のベル」などと使い分けておくとよい。低学年から大人まで広く活用できる。ハンドベルのほかにも，音を出すグッズを用意しておくとよい。

○「トラストヒット」（P.31参照）
　➡2人組で1人がアイマスクをし，1人がハンドベルで誘導してビーチボールを棒でたたくゲーム。

信頼体験 / 学級活動 / 20分 / 高学年

ゲーム　サウンドナビ

こっちかな？
ちょっと不安だな…

安全に気を
つけて…

第2章　いろいろ使える基本グッズ

活動場所：体育館

準備物：アイマスク・音の違うハンドベルをペアで1つずつ，カラーコーンなど障害物を必要数

ねらい：聴覚をとぎすませ，相手の誘導によって行動し目的を達成する体験を通じて，お互いを信頼し合うことができる。

なぜこのグッズ？：ベルによって音に特徴があり，聞き分けやすい。

手順：2人組になり，1人がアイマスクをし，1人がベルを使って案内役をする。音の誘導に従い，障害物をよけてコースを1周する。声を出したり互いに触れたりしてはいけない。役割を交換して行い，終わったら感想を話し合う。

協力を高めるポイント：案内役は前を歩くとよい。事前に練習をし，音の出し方や指示の仕方（道をそれたら連続して鳴らすなど）を打ち合わせておく。

展開上のコツ：危険なときは手を使って止める。「制限時間内に」「リレーで」などルールを変更するとよいが，安全には十分注意する。

その他

サイコロ（丸型）

土田　雄一

お役立ち度 ★★★

グッズの特性・注意点

100円グッズのサイコロには，さまざまな種類がある。100円ではないが正二十面体，正三十面体もある。ここでは，丸型のサイコロを取り上げる。

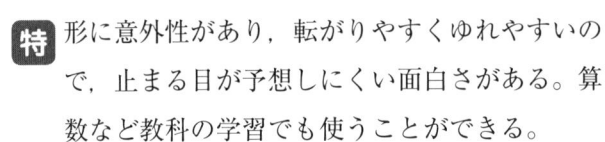

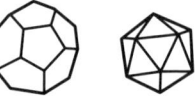

特 形に意外性があり，転がりやすくゆれやすいので，止まる目が予想しにくい面白さがある。算数など教科の学習でも使うことができる。

注 小さくて転がりやすいので，紛失しやすい。

便利な使い方

「サイコロトーキング」や「スゴロクトーキング」のアイテムとして活用できる。2つ転がして，「かけ算の答えを言う」「足し算の答えを言う」などの対戦型学習ゲームにも使うことができる。

○「サイコロカーリング」

　➡ カーリングのコマとして使用（転がす台があるとよい）。丸いので，当ててはじき飛ばせる。思いどおりに転がせない面白さがある。

信頼体験 / 学級活動 / 20分 / 高学年

ゲーム　サイコロドゥーイング

活動場所：教室

準備物：サイコロドゥーイング用紙（P.54参照）を各グループ1枚，厚めの本を各グループ4冊

ねらい：お互いに自己開示する力を養い，それぞれのよさを認め，理解し合う。

なぜこのグッズ？：丸くて転がりやすく，どこに止まるかわからない緊張感や面白さがある。

手順：1グループ4〜6人。活動（ドゥーイング）を書いた用紙を用意し，サイコロが外に出ないよう周囲を本で囲む。サイコロを振り「右隣の人のよいところを言う」「腕立てふせをする」など，止まったところの指示をサイコロの目の回数だけ行う。

協力を高めるポイント：ドゥーイングは「できるもの」「相手が傷つかないもの」にし，できたら拍手で賞賛，つまったら周囲がフォローするようアドバイスする。

展開上のコツ：2回目以降は，自分たちでドゥーイングを考え，ほかのグループと交換しても面白い。

その他

○×カード

松田　憲子

お役立ち度 ★★★★

グッズの特性・注意点

特 意思表示がしやすく，挙手よりわかりやすい。
10枚100円なので，廉価で人数分購入できる。

注 素材が紙なので，折れ曲がりやすい。

便利な使い方

「○×ゲーム」の意思表示に使う。表裏で，色が違い○か×かの意思がはっきりするので，ゲームが盛り上がる。ゲームも全員が答えたり，グループで相談して答えたりと目先を変えて行うことができる。

○通常の授業のなかで

➡「○○について，賛成の人は○，反対の人は×をあげてください」など，自分の意思をはっきりさせるために使う。教科の授業でも活用可能。

○「いきなり○×クイズ」

➡ランダムに個人を指名し，「Aくんは，今日，朝ご飯はパンだった。○か×か」などと聞き，学級全員で答えを予想する。その後，指名された子は○×カードで答えを提示する。

| 自己開示・他者理解 | 学級活動 | 30分 | 全学年 |

ゲーム　自己紹介○×クイズ

活動場所：教室

準備物：○×カードを１人１枚

ねらい：クイズを通して自分を表現することができる。相手の話を聞く姿勢をつくり，友達に関心をもち，理解することができる。

なぜこのグッズ？：○×クイズの形式をとることで，自己開示しやすくなる。ひと目で意思表示の内容がわかる。

手順：自分に関するクイズを１人１問ずつ作る。１人ずつ順に問題を出していき，ほかの人はそれにカードで答える。最後に，出題者が○×カードで正解を提示する。

協力を高めるポイント：問題を考える時間を多めにとり，楽しい問題を考えさせる。後半は「グループで話し合って答える」ルールにすると，ほかの人がどのように考えたかを知ることができ，他者を理解しようとする気持ちを深めることができる。グループ内で自己紹介し，その内容から問題を作って，グループとして学級全体に出題するのもよい。

第2章　いろいろ使える基本グッズ

付録：「サイコロドゥーイング」モデルシート（進め方はP.51参照）

※パスは1回まで。

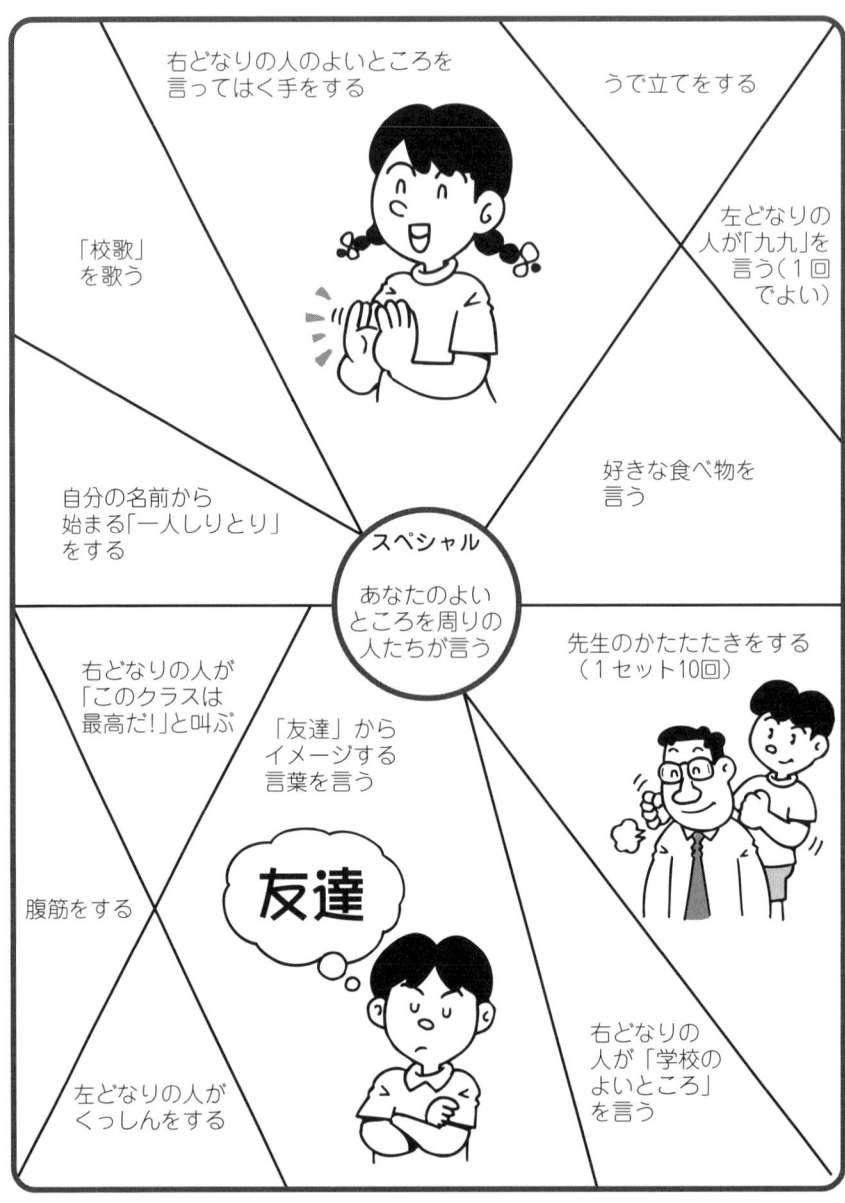

- 右どなりの人のよいところを言ってはく手をする
- うで立てをする
- 左どなりの人が「九九」を言う（1回でよい）
- 「校歌」を歌う
- 好きな食べ物を言う
- 自分の名前から始まる「一人しりとり」をする
- スペシャル　あなたのよいところを周りの人たちが言う
- 先生のかたたたきをする（1セット10回）
- 右どなりの人が「このクラスは最高だ！」と叫ぶ
- 「友達」からイメージする言葉を言う
- 腹筋をする
- 左どなりの人がくっしんをする
- 右どなりの人が「学校のよいところ」を言う

第3章
キラリと光る応用グッズ

生活用品・食器類

洗濯ばさみ

生井　久恵

お役立ち度 ★★★

グッズの特性・注意点

特 物を挟んで止めたり，立てたりすることができる。挟んだ物は，引っ張ると簡単にはずれる。100円でかなりの数が買える。

注 壊れやすい。体を挟むと痛いので注意する。

便利な使い方

　少しの力で物を挟んだりはずしたりできるので，微妙な力加減が必要になるが，その特徴を生かしたゲームができる。日常では集めたプリントを挟んだり，掲示物をぶら下げたりすることに使える。

○「射的」

　➡厚紙などを洗濯ばさみで挟んで立て，的にする（倒しにくい的は高得点にする）。グループごとに倒した的の合計得点を競う。

○「魚釣り」

　➡魚の名前や絵をかいたカードに洗濯ばさみをつけ，クリップの「針」をたこ糸に結びつけた釣りざおで，魚釣りをする。

協力体験 / 学級活動 / 30分 / 全学年

ゲーム1　紙送りリレー

> 紙を受け取る人のことを考えてみましょう

> 取りやすいように…

第3章　キラリと光る応用グッズ

活動場所：教室

準備物：洗濯ばさみを1人1つ，半紙など破れやすい紙を適当な大きさに切ったカードを必要数

ねらい：紙を破らずたくさん送るために，相手の様子も考えながら，グループ全員で協力する。

なぜこのグッズ？：廉価なので人数分用意しやすく，低学年でも扱いやすい。

手順：人数が均等になるようにグループ分けをする。洗濯ばさみを持って1列に並び，スタートからゴールの人まで，手を使わず洗濯ばさみを使って紙を送る。制限時間内に，紙を破らずたくさん送ったグループの勝ち。

協力を高めるポイント：ただ急ぐだけではなく「紙を受け取る人の身になって送りましょう」と心がけさせると効果的。作戦会議をして「どうしたら協力して早く渡せるか」を話し合わせるとよい。

展開上のコツ：紙の質や大きさ，グループの人数は学年や子どもの実態に合わせて考える。

| 合意形成 | 学級活動・道徳 | 20分 | 3年生以上 |

ゲーム2　洗濯ばさみタワー

「バランスをとって…」

活動場所：教室

準備物：さまざまな種類（形・素材の異なるもの）の洗濯ばさみを各グループ30個程度

ねらい：自分の意見をもち、それを主張することができる。グループの人とそれぞれの意見を交換し、折り合いをつける。

なぜこのグッズ？：素材や形の異なるものを、数多くそろえやすい。

手順：1グループ5〜6人。各自で洗濯ばさみタワーを高くするにはどうするかを考え、グループで検討し意見をまとめる。それをもとに、どの洗濯ばさみをいくつ使うか決める。制限時間内にタワーを組み立て、高さを競う。

協力を高めるポイント：最初に練習でタワーを作って感覚をつかませる。意見をまとめるときは多数決などでは決めず、合意を基本とすることを強調する。

展開上のコツ：洗濯ばさみは各グループ同じ数にする。ある種類に人気が集中したら、1種類の数の上限を決めるとよい。

| 協力体験 | 学級活動 | 15分 | 全学年 |

ゲーム3　洗濯ばさみ相撲

「ありゃっ！？」
「はっけよ～い…のこった！！」
「やった～！作戦成功！！」

第3章　キラリと光る応用グッズ

活動場所：教室

準備物：ひもをつけた洗濯ばさみを1人1つ，プラスチックなどのカードを2グループで1枚

ねらい：グループで協力して目的を達成する。

なぜこのグッズ？：わずかな力ではずれる程度にカードを挟めるので，力加減や方向を工夫できる。

手順：1グループ2，3人（各グループ同人数）になる。2グループ対抗でカードを洗濯ばさみで挟む。挟む場所は，相手グループの邪魔にならないかぎり，作戦を立て考えた場所でよい。準備ができたら，全員でいっせいに洗濯ばさみのひもを引っ張り，カードを取ったグループの勝ち。

協力を高めるポイント：最初にグループ内で実際にカードを使って試し，洗濯ばさみをつける場所，引っ張る方向，力の加減などを話し合わせ，協力し合う。

展開上のコツ：洗濯ばさみの種類は異なるものをいくつかそろえ，選ばせてもよい。

生活用品・食器類

すべり止めマット

坂本　千代

お役立ち度　★★

グッズの特性・注意点

特　すべらない。厚手の物でも軽くて薄いので，かさばらない。折ったり切ったりして使うこともできる。柔軟性に優れているので，クッション効果もある。

注　自由自在に切れるが，切ると，切った形でしか使えない。熱に弱い。

便利な使い方

　すべらないので，敷くと足元が安定し，安心してゲームができる。また，軽くて薄く，自在に形を変えられるので，物をのせて運ぶこともできる。教室では，すべると困る物の下に敷くことができる。のせる物に合わせて大きさの調節が可能。

○「シートでボール運びリレー」

　➡シートにボールをのせて運ぶ。2人組・4人組で行うと楽しい。

○「シートでキャッチ」

　➡2人組で，シートを使ってボールを投げたりキャッチしたりする。

| 信頼体験 | 学級活動 | 20分 | 低・中学年 |

ゲーム　友達の木

活動場所：体育館

準備物：すべり止めマットを各グループ1枚

ねらい：グループで心をひとつにして協力し，成功させる体験を通して，仲間への信頼感を強める。

なぜこのグッズ？：すべりにくいので，安心してゲームができる。また，面積を変えることができるので，ゲームのレベルを徐々に上げることもできる。

手順：1グループ5〜6人。教師の合図に合わせて，1人ずつマットの上にのる。のり方は自由で，片足が宙に出てしまってもよい。全員がのったら，グループ全員で10秒声を出して数える。10秒後に全員マットの上に残っていたグループが合格となる。

協力を高めるポイント：のる順番やのり方についての作戦会議と，練習の時間を十分確保する。

展開上のコツ：1グループの人数やのっている時間，マットの面積を実態に応じて変化させることで，難易度を変えることができる。

朝日朋子「クリスマスツリー」國分康孝監『エンカウンターで学級が変わる　小学校編』図書文化，1996年を参考に作成。

第3章　キラリと光る応用グッズ

生活用品・食器類

紙コップ

重　歩美

お役立ち度　★★★

■ グッズの特性・注意点

特 紙製なので，文字や絵をかいたり切ったりするなど，加工できる。廉価なので気軽に使える。

注 使い捨ての品物なので，大切に使おうという気持ちが薄れることがある。耐久性に欠ける。

■ 便利な使い方

　本来は飲用に使うが，小さいのでテーブルゲーム等でさまざまに使える。水を入れたり，小さな物を整理したりするときに便利。文字や絵をかいたり，切る・貼る・つなげるなど加工したりできるので，生活科・工作の材料としても使える。

○「宝物回収リレー」

　➡小豆やビー玉などの小さな物を，1つずつわりばしでつまんで紙コップに入れていく。1つ取ったら次の人にわりばしを渡す。グループで順番にわりばしを回していき，制限時間内にたくさん入れられたグループの勝ち。小豆等をどのグループも同じ数渡し，どれだけ早く入れられるか，早さを競ってもよい。

相互補完 / 学級活動 / 20分 / 高学年 中学生

ゲーム1　ピラミッダー

活動場所：教室

準備物：輪ゴムに50cm程度の毛糸4本を等間隔で結びつけたものを各グループ1つ

ねらい：お互いに相手の力の入れ具合を見ながら調整し，協力して活動することができる。

なぜこのグッズ？：落としても壊れない。軽いので輪ゴムで挟んで持ち上げることができる。

手順：1グループ6人程度で，グループ内で2人組をつくる。両手に1本ずつ毛糸を持ち，毛糸を引いて輪ゴムの形を変形させ，置いてある紙コップを1つ挟む。そのままグループの陣地へ運び，紙コップを陣地に置いて次のペアと交代する。同様に行い，下から3－2－1のピラミッドを作る。一番早く完成させたグループの勝ち。積んでいる最中に崩れたら，手を使わず輪ゴムで積み直す。

協力を高めるポイント：ゲーム後，協力し合ったことについてどこがよかったか振り返り，2回戦を行うとよりグループの協力が深まる。

第3章　キラリと光る応用グッズ

協力体験 | 学級活動 | 15分 | 中・高学年

ゲーム2　聖火ランナー

活動場所：体育館

準備物：紙コップを1個，30cmものさしを3本

ねらい：全員で目標タイムをめざし，達成するために協力し合う。

なぜこのグッズ？：落ちても壊れにくい。空気抵抗で落ちやすいので，落とさず運ぶには協力が必要。

手順：学級全員が手を広げてもぶつからない程度の間隔を空けて円になる。ものさしにかぶせた紙コップを，ものさしを使って隣の人に渡していく。ものさしを使い終わったら，3人先の人へ渡す。コップが落ちたらものさしで拾い，手では触れない。スタートしてから元に戻るまでの時間を測り，目標タイムより短ければ合格。

協力を高めるポイント：事前に目標タイムを決めておき，実際の時間と比べて，振り返りをする。

展開上のコツ：回数を重ねるごとに目標時間を短くすると連帯感と意欲が増す。棒を長くて細いものにすると難易度が上がって面白い。グループ対抗にしてもよい。

相互補完 / 学級活動 / 15分 / 低・中学年

ゲーム3　ころころペアリレー

活動場所：体育館

準備物：園芸用支柱など竹の棒を各グループ2本，ころ・カラーコーンを各グループ1つずつ
［ころの作り方］紙コップの底をテープでつないだものを2組作る。2組の口側をテープで連結する。

ねらい：ころをねらいどおり転がせるよう，お互いの力を調整しながら協力してリレーを行う。

なぜこのグッズ？：紙製なのでコップ同士の接着がしやすく，簡単に作れる。軽くて転がりやすい。

手順：1グループ8～10人程度で，グループ内で2人組をつくる。ペアのそれぞれが棒を持ち，ころを押して転がし，カラーコーンを回って戻る。早く全員がゴールしたグループの勝ち。

協力を高めるポイント：開始前に立つ位置や持つ手の確認をする。作戦会議の時間を設け，どうしたらコースをはずれないか話し合う。

展開上のコツ：コップに模様などをかくと，見た目にきれいであり，自分たちのものという愛着も増す。

生活用品・食器類

ジャンボストロー ＋広口ビン

本島　亜矢子

お役立ち度　★★★

グッズの特性・注意点

ストロー：用途に合わせて色や太さが選べる。8 mm は80本100円。切る・曲げる・熱するなど加工して活用することもできる。

広口ビン：形・大きさ・材質（ガラス・アクリルなど）が多様である。ガラス製のものは衝撃で破損しやすいので取り扱いに注意する。

便利な使い方

ストロー：本来は飲料用だが，工作や実験に利用できる。適当な長さに切って紙や布を中に通すと，リボンのように飾りに使える。

広口ビン：片手が入るくらいの広口ビンはメッセージカードやくじ入れに使える。また，クリップ・マグネット等の収納にも便利。100円グッズのシールやジェルステッカーで飾っても楽しい。

○「ストロー吸引リレー」
　➡ストローをくわえ，息を吸って紙をストローに吸いつける。次の人が同様に吸いつけてリレーしていき，早く紙を回せたグループの勝ち。

| 相互補完 | 学級活動 休み時間 | 15〜45分 | 高学年 中学生 |

ゲーム　元気が出るおみくじ

（そうだよね！笑顔，笑顔…）

（あなたのよさが周りの人に認められるとき。こんなときは笑顔でチャレンジ…）

（ちょっとしたトラブルがあっても私はあなたの味方…）

（だれからかわからないけどうれしいな）

第3章　キラリと光る応用グッズ

活動場所：教室・保健室

準備物：直径8mmのストローを1〜2cmに切ったものを1人3つ程度，色上質紙に印刷したメッセージカード（P.112〜113参照）

ねらい：教師と子ども，子ども同士が協力して作ることで，互いに支え合うつながりを感じる。言葉に励まされる体験をする。

なぜこのグッズ？：広口ビンに入れると，カラフルで見た目がきれいであり，くじをひく楽しさと中身への関心を誘う演出ができる。

手順：カードにメッセージを書いて巻き，ストローに通す。用意した広口ビンに入れ，できたものをお互いにひいて感想を伝え合う。

協力を高めるポイント：メッセージは「相手を傷つけないものにする」ことをルールにし，最初は教師が用意してもよい。「好きな言葉」などテーマを変えて子どもに考えさせ，実施することもできる。

展開上のコツ：保健室や相談室で行うと，子どもとの関係づくりのきっかけになる。

生活用品・食器類

サラダスプーン

坂本　千代

お役立ち度　★★

グッズの特性・注意点

特 すくったり物をのせたりすることや，切り込みを利用して挟むことができる。アクリル製で丈夫であり，落としても壊れにくい。

注 切り込みがあるので，切り込みより小さな物や液体はそこからこぼれてしまう。

便利な使い方

　テニスボール程度の大きさ（または，それよりも小さいもの）をのせて運ぶことができる。切り込みを利用して，紙などを挟むことができる。挟むゲームは，100円グッズのターナーやトングでも代用できる。

○「ボール運びリレー」
　➡スプーンにボールをのせ，カラーコーンを回って次の人と交代する。ボールが落ちたら，落ちた場所に戻ってやり直す。

○「移しかえゲーム」
　➡切り込みから物がこぼれる弱点を逆に活用して，サラダスプーンでＡの容器からＢの容器に水やビーズなどを移しかえ，早さを競う。

協力体験 / 学級活動 / 15分 / 全学年

ゲーム　挟んでバランスリレー

第3章 キラリと光る応用グッズ

活動場所：体育館，校庭

準備物：厚紙のカード・カラーコーンを各グループ1つずつ，サラダスプーンを各グループ2本

ねらい：グループの目的を達成するために，2人で協力し合える。

なぜこのグッズ？：切り込みに挟んでバランスをとるには，協力し合うことが必要になる。

手順：1グループ8～10人程度で，グループ内で2人組をつくる。1人1本サラダスプーンを持ち，両側からカードを挟む。カラーコーンを回って戻り，次のペアと交代。グループごとに早さを競う。カードとサラダスプーンがバトンになる。カードを落としたら，戻ってやり直す。

協力を高めるポイント：両側からどのように支えればカードが落ちないか，どうすれば早く走れるかなどについて作戦会議をする。

展開上のコツ：学年や学級の実態に合わせて，カードの素材や大きさを変えると面白い。最初は，厚い紙が挟みやすい。

手芸用品・衣料品

平ゴム

土田　雄一

お役立ち度　★★★★

グッズの特性・注意点

特 ゴム製で弾力があり，丈夫。よく伸びるが切れない。繰り返し使える。結んで輪にすることや，必要に応じた長さの調整ができる。

注 引っ張りすぎると完全には元に戻らなくなり，長さが変わってしまう。使用回数を重ねると，弾力が衰える。

便利な使い方

本来は家庭用品で，結んで輪にできることや弾力性があることを生かしてゲームに活用できる。切れにくいので危険が少なく，運動会のゴールテープや，走り高跳びのバーの代わりなどに使うこともできる。

○「ゴム跳び」
　➡昔ながらの遊びである。授業参観等の親子がふれあう機会に，親から子へ教え合う場面をつくってもよい。男女で遊びたい。

○「輪くぐりリレー」
　➡平ゴムの輪を頭からくぐって次の人に回し，グループの早さを競う。

| 合意形成 相互補完 | 学級活動 体育 | 15分 | 全学年 |

ゲーム　みんなで輪くぐり

「もう少し上げたほうがくぐりやすいかな？」

①手を離さず，かがんで輪の内側に入る。

②ゴムをまたいで，輪の外側に立つ。

「ゆっくりゆっくり」

第3章　キラリと光る応用グッズ

活動場所：体育館・教室

準備物：幅20～25mm程度の平ゴム1.5mを輪にしたものを各グループ1本

ねらい：輪を効率よくくぐるためのポイントを話し合い，協力する。

なぜこのグッズ？：弾力があり丈夫で切れないので安全。引き方で輪の大きさや形が自由に変化する。

手順：1グループ6人程度で輪にした平ゴムを片手で握り，輪の外側に立つ。手を離さずかがんで輪の内側に入り，ゴムをまたいで外側に立つ。手を離したり，ゴムに体が触れたりしてはいけない。全員がくぐるまでの早さを競う。

協力を高めるポイント：グループで1度練習してみて，ゴムに触れずにくぐるための作戦会議をする。くぐれず困っている子がいるときは，周囲のフォローがあればくぐれることをアドバイスする。

展開上のコツ：声を出さずに行う，学級全員で1つの大きな輪を使うなどアレンジしたルールを話し合って決めてもよい。

手芸用品・衣料品

毛　糸

土田　雄一

お役立ち度　★★★

グッズの特性・注意点

[特] さまざまな色があり，丈夫で切れにくい。たこ糸などよりも手触りがよい。結んだり，切ったりできる。

[注] からまりやすい。長く使用すると，けばだってほこりが出ることがある。

便利な使い方

本来は編み物に用いるが，図工などの表現活動でも活用できる。何かを囲んだり，つり下げたりするときに使う。ほかのひも類の代用ができる。

○「あやとり」
　➡雨の日などの休み時間に。複数で行うものには人と人をつなぐ効果があり，細かい作業なので指先が器用になる。授業参観などの機会に，親子であやとりをすると，ふれあいがうまれてよい。

○「ウーリー・シンキング」※
　➡さまざまな地球的規模の諸問題が，互いに影響を及ぼし合っていることに気づくゲーム。

※國分康孝監『エンカウンターで学級が変わる　中学校編 Part 3』図書文化，1999年。

相互補完 | 総合社会 | 45分 | 中学生高学年

ゲーム　台風が来たら

（図：7人の生徒が輪になって毛糸でつながっているイラスト。役割は「私はヤマガラ」「私はコナラ」「私は微生物」「私はバッタ」「私はネズミ」「私はクマです」「私は人間です」。「台風が来たら…」の吹き出し。「危険がないよう毛糸は脇の下を通す」の注記。）

※P.115の出来事以外にも、海や川などテーマの異なる環境と出来事について考えさせるとよい。
※テーマを貿易関係や国際関係などにしても面白い。

第3章　キラリと光る応用グッズ

活動場所：体育館・教室

準備物：毛糸を各グループ1巻、ワークシート（P.114・115参照）と名札を1人1つずつ

ねらい：生態系や人と人とのつながりがさまざまな場面で影響することを実感する。

なぜこのグッズ？：切れにくく、長さの調節が容易。手触りがよく、触れても痛くない。

手順：1グループ7人。役割カードを見ながら話し合い、各自自分の役割を名札に書く。関係していると思う相手を毛糸でつなぐ。その後、教師が「台風が来たら」や、「人間の開発」などアクションカードの出来事を読み上げる。自分の役割がその出来事で影響を受けそうだと考えたら、毛糸を引っ張る。それにつられて引っ張られることを感じ、関係性を話し合う。

協力を高めるポイント：それぞれの役割がどの出来事にどう影響を受け、どのように関係しているのか関連性をグループで話し合い、気づきを生む。

「生命のあみ」『ユニセフの開発のための教育』日本ユニセフ協会、1998年を参考に作成。

手芸用品・衣料品

バンダナ

川添　幹貴

お役立ち度　★★★★

グッズの特性・注意点

特 形を変える・結ぶ・包む，ハチマキや目隠しなど，ハンカチより大きいので幅広い用途がある。色・柄も豊富で枚数が増えても収納に困らない。汚れても洗って何度でも使える。

注 目隠しに使うときは，衛生面に配慮する。1枚100円なので全員分そろえようとするとやや高価である。

便利な使い方

布なので自由に形を変えることができ，丈夫で，水にぬれても平気なので，「汗止めはちまき」「採集物を包む」などさまざまな使い方があり，便利。色・柄が豊富なので，つなげて飾りつけにすることもできる。

○「しっぽとり」

→ ズボンやスカートのウエストにたたんだバンダナを差し込み，しっぽのようにする。おにごっこのように，しっぽのバンダナを取り合い，取られた人が次のおにになる。グループ対抗にして相手グループのバンダナを取り，取った数を競ってもよい。

自己開示・他者理解 / 学級活動 / 15分 / 中学年

ゲーム1　バンダナンダ？

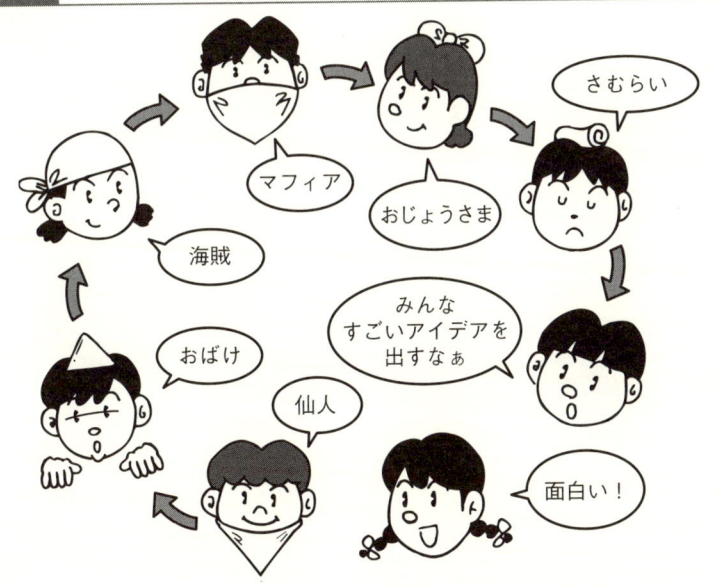

（イラスト：マフィア、おじょうさま、さむらい、海賊、おばけ、仙人などに見立てたバンダナの使い方。「みんなすごいアイデアを出すなぁ」「面白い！」）

第3章　キラリと光る応用グッズ

活動場所：教室
準備物：バンダナをグループ1枚
ねらい：問題を話し合い，お互いの意見を認め合うことで，グループ内での安心感や信頼感を高める。
なぜこのグッズ？：布1枚で，形が自由に変えられるのでイメージが広げやすい。いろいろな見え方を考えることができる。
手順：グループ内で1人ずつ，ほかの人が「バーンダナンダ？」と3回唱える間にバンダナを身につけて「○○に見える」と意見を出していく。思いつかなければパスあり。制限時間（5分程度）になったらグループごとに1つずつ発表する。友達の発想を賞賛し合う。
協力を高めるポイント：思いついた意見が自由に言えるよう，友達のアイデアに対して悪く言ったり否定したりしない約束をする。話し合いのときにはグループを回って「なるほど！」「いいアイデアだね」「たくさん考えられたね」などの声かけをし，グループの発想を認めていくとよい。

| 自己開示・他者理解 | 学級活動 | 20分 | 中・高学年 |

ゲーム2　バンダナの使い方は？

活動場所：教室

準備物：バンダナ・記録用紙を各グループ1枚ずつ

ねらい：柔軟な発想で意見を出し合い，お互いへの理解を深める。

なぜこのグッズ？：ハンカチより大きく，活用の範囲が広い。用途が豊富で多様な意見が出やすい。

手順：1グループ4～6人。記録係を1人決める。円になり，バンダナにはどんな使い道があるかを考え，実際に使いながら声を出さずジェスチャーで記録係に伝える。制限時間内に多くのアイデアを出す。記録係は，最後に1つアイデアを加えてよい。終わったらグループごとに発表し合い，最もアイデアが多いグループの勝ち。

協力を高めるポイント：終了後，振り返りをし，ゲーム中やほかのグループのアイデアを聞いて感じたことを話し合う。出された意見は否定せず，よさを認め合う。

展開上のコツ：なかなか考えつかないグループには教師がジェスチャーでヒントを出してもよい。

簗瀬のり子「新聞紙の使い道」國分康孝監『エンカウンターで学級が変わる　中学校編』図書文化，1996年を参考に作成。

相互補完 | 学級活動体育 | 20分 | 高学年

ゲーム3　増殖二人三脚

「イチ・ニ！イチ・ニ！」

A班　　　　　　　　　B班

※うまく向きを変えられないときは、カラーコーンを回るなどして方向転換させるとよい。

第3章　キラリと光る応用グッズ

活動場所：体育館・校庭

準備物：バンダナを1人1枚

ねらい：友達と息を合わせ、協力してゴールをめざす。

なぜこのグッズ？：しばりやすい。柔らかく身体にしばりつけても痛くない。

手順：1グループ（8～10人）をAとBの2班に分け、間を15～20mほど空けて向かい合う。最初はA班から1人が走っていく。B班に着いたら、B班の1人と足をバンダナで結び二人三脚でA班へ戻る。A班の所に着いたら、A班のもう1人とバンダナで足を結び、三人四脚でB班の方へ戻る。これを繰り返し、全員が足を結び、早くゴールできたグループの勝ち。

協力を高めるポイント：走る順番や多くの人数で息を合わせるにはどうしたらよいか、グループで話し合う時間を設ける。

展開上のコツ：練習の時間を確保する。二人三脚に慣れないうちは少人数で行い、慣れてきたら学級全員で記録に挑んでも面白い。

園芸用品

アームカバー

土田　雄一

お役立ち度 ★★

グッズの特性・注意点

特 布製のもの，水をはじく加工をしたものと素材もさまざまで，見た目も透明なもの，花柄と種類が多い。布製のものは手触りがよく丈夫。たたむと場所をとらない。

注 大人用なので，特に低学年では，普通に着用することはむずかしい。

便利な使い方

手首周辺の衣服の汚れを防ぐために使うもので，図工などの作業で使える。水をはじくものは農作業などにも適している。濃い色だと中が見えないので，隠した物を推理したり，触感であてたりするゲームに活用できる。

○「何が入っているのかな」
　➡カバーの片方を中央に穴をあけた段ボール箱に貼りつける。手を入れて，手触りで中の品物をあてる。

○「もぐらの指相撲」
　➡アームカバーの中で指相撲をする。見えないので触感が頼りのゲーム。

協力体験 / 学級活動 / 15分 / 低・中学年

ゲーム　てのひら伝達ゲーム

（吹き出し：何て書いてるのかな…？／？／ス）

第 3 章　キラリと光る応用グッズ

活動場所：教室

準備物：アームカバーを各グループ1枚

ねらい：触感を通して伝え合い，相手に対する親近感を強める。

なぜこのグッズ？：両側から手が入れやすく中が見えない。文字を書く指が動かしやすい。

手順：1グループ5〜6人。1列に並び，アームカバーの中に手を入れて「伝言ゲーム」のようにてのひらにお題の1文字を指で書いて伝えていく。受け取る側はてのひらを上に向ける。ほかの人は後ろを向いてその様子は見ない。最後の人がどんな文字か発表する。

協力を高めるポイント：身体接触を伴うので配慮が必要。ふざけたり，乱暴になったりしないよう，お互いに伝え合おうとする気持ちを大切にするよう声をかける。

展開上のコツ：グループごとに問題を出し合ったり，ひらがな・カタカナ・漢字など文字の種類を変えたり，「2文字の言葉」など文字数を増やしたりすると楽しい。

園芸用品

多目的ネット

松田　憲子

お役立ち度　★★★

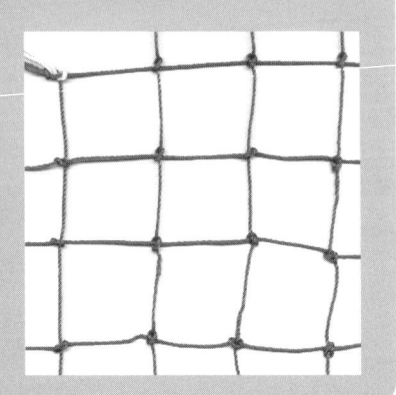

グッズの特性・注意点

特 ネットの大きさ・マス目の大きさとも数種類あり，用途に応じて使い分けられる。軽いので簡単につるすことができる。

注 動きを伴うゲームで使う場合，マス目の中に体を引っかけないように注意する。

便利な使い方

種類が豊富であり，何枚かつないで組み合わせるなど，マス目や大きさによって的・仕切り・障害物など，使い方が多様に工夫できる。軽くて，物をつるすこともできるので教室掲示等でも便利だが，ひもが細いため重いものを支えることには不向きである。

○「ミニサッカー」，「ストラックアウト」
　➡鉄棒などに簡単につるして，ボールゲームの簡易ゴールやネットにしたり，ストラックアウト（的当てゲーム）の的にしたりできる。

○教室掲示
　➡掲示物や作品を，壁などにつるしたネットに洗濯ばさみ等でとめる。

| 合意形成 | 学級活動 | 20分 | 中・高学年 |

ゲーム　キングをとれ！

（図中の吹き出し・注記）
- キングは動かずサイコロを振る
- がんばれ〜
- じゃんけんに負けたら外に出る
- じゃんけんポン！
- ※つなげたマットを床に敷いて盤に見立てる。
- ※マス目が狭いときは，4マス合わせて1つと数えるなど，実態に合わせて調節する。

活動場所：オープンスペース

準備物：ネット（マス目20cm角，180cm×80cm）を3枚つないだもの，大きいサイコロ，ネットを固定するテープ

ねらい：チームで協力し，楽しく活動しながら仲間意識を養う。

なぜこのグッズ？：ネットの枚数を工夫するとグループの人数や難易度の調整が容易にできる。

手順：1グループ4〜5人。キング1人を決め，ほかの人はポーンになる。キングを真ん中に盤の両端に並ぶ。交互にサイコロを振り，出た目の数だけ，ポーンが順番に縦か横に進む。相手のポーンに重なったらじゃんけんし，負けた方が盤から出る。ポーンがキングにじゃんけんで2回勝つか，ポーン全員がいなくなったら勝ち。

協力を高めるポイント：作戦会議をとり協力しやすくする。

展開上のコツ：キングの指示で動くルールにしてもよい。「ななめに動く」「6が出たら1回休み」など，新ルールをつくってもよい。

第3章　キラリと光る応用グッズ

園芸用品

花台

吉田　英明

お役立ち度　★★

グッズの特性・注意点

特 花台の下に車輪がついていて，走らせたり，転がしたりすることができる。

注 方向性が定まらず，思わぬ方向に行ってしまうこともある（それが面白さでもある）。

便利な使い方

おもちゃの車のように床をすべらせたり，走らせたりすることや，ひもを結びつけて引っ張ることができる。また，植木鉢など重いものを置いて移動させることにも使える。

○「荷物運びリレー」

　➡ロープをつけた花台に荷物をのせ，落とさないように引っ張る。カラーコーンを回って，次の人にバトンタッチする。1人1つずつ順に荷物をのせていき，荷物を落としたらその場からやり直す。

○「ばたばたゴーゴー！」

　➡船（花台に厚紙の帆をつけたもの）を床に置き，グループでいっせいにうちわであおぎ，船を進める。早くゴールしたチームが勝ち。

協力体験 / 学級活動 / 20分 / 全学年

ゲーム　花台カーリング

活動場所：体育館・教室

準備物：花台を各グループ3台，的を作るビニールテープ，粘土

ねらい：グループで作戦を立て，ゲームを楽しむことができる。

なぜこのグッズ？：床をすべらせることができ，方向が定まらないむずかしさがある。

手順：1グループ3〜6人。1ゲーム5イニングで，1イニング3投ずつ。グループ対抗で交互に的をねらって投げる。的に残っている敵の花台に自分のグループの花台を当てて外に出してもよい。的に残った花台の数が得点。最終イニングまでに多く得点したグループの勝ち。

協力を高めるポイント：花台に粘土をのせて好きな形に変えたり，重さのバランスをとったりしてグループ内で工夫をこらし，結束力と意欲を高める。

展開上のコツ：得点表をつくり，ルールを理解させておく。実際のカーリングのようにデッキブラシやほうきを使うと楽しい。

文房具・スポーツ用品

名　札

合田　実

お役立ち度　★★★★

グッズの特性・注意点

特 プラスチック製で，耐久性に優れている。首からかけるだけなので，手軽で使いやすい。箱などに入れておけばコンパクトに収まる。

注 1人につき1つ必要なので，学級全員分をそろえようとすると，やや高価である。

便利な使い方

名前を示すだけでなく，「案内」「司会」など，その人が受けもっているさまざまな役割を示すことができる。ゲストティーチャーや保護者会のときの名札としても利用できる。年度初めに購入しておくと，ゲーム以外にも何かと使える便利グッズである。

○「模擬国連」[※1]

　➡核兵器廃絶のための方法をそれぞれの国の立場に従って提案し，話し合う。

○「家族の仕事」[※2]

　➡家庭の仕事を出し合い，役割を決めて家族の仕事について話し合う。

[※1・2]：國分康孝監『エンカウンターで学級が変わる　小学校編 Part 2』図書文化，1997年。

中・高学年　35〜45分　学級活動／総合　役割遂行

ゲーム1　ストーリーをつくろう！

（イラスト内の吹き出し）
- ライオンじゃ食べられちゃうかな？
- ウサギがライオンと仲よくなる
- では、いま集まった5人でお話をつくってください
- え〜とゾウが水を飲みに行った
- ライオンは実はやさしくてシカとウサギと友達になる！
- じゃあマントヒヒはおじいさんでゾウと仲よしで…

第3章　キラリと光る応用グッズ

活動場所：オープンスペース

準備物：名札，ノート，筆記用具

ねらい：協力してストーリーをつくり，集団意識，仲間意識を養う。

なぜこのグッズ？：何を演じるかをその場で書き，全体に知らせるためには，携帯できる名札が必要。

手順：「好きな動物」「なりたいヒーロー」などテーマを設定し，何を演じたいかを書いて名札に入れる。ランダムに5〜6人のグループになり，集まった者のキャラクターを使ってストーリーをつくる。完成させたら発表会をして楽しみ，感想を伝え合う。

協力を高めるポイント：「短くていいから，役割にあった話を考えよう」「恥ずかしがらず演技すると面白いよ」等の声をかける。うまくまとめられないグループには様子を見て適宜アドバイスをする。

展開上のコツ：最初に「ストーリーをつくって発表する」「協力してみんなで楽しむ」ことを全体に伝えておく。実態に応じて，朗読劇にしてもよい。

| 相互補完 | 学級活動総合 | 30〜45分 | 中・高学年 |

ゲーム2　私は何？

●動物の名前
・1人に1回だけ質問する
・質問の内容
　　食べるもの，住むところ
　　強い，弱い，走る，泳ぐ，飛ぶ

「友達にわかりやすいヒントを出しましょう」

「私は肉食ですか？」

「肉も食べるけどほかのものも食べます」

「私の住んでいるところはどこですか？」

「え〜と海です」

活動場所：オープンスペース

準備物：名札を1人1つ

ねらい：他者の力を借りて目的を達成する経験を通して，協力することの重要性に気づく。

なぜこのグッズ？：名札を背中に回せば，相手にだけ見える状態になり，目的達成のために他者の力が必要な状況をつくり出せる。

手順：動物等，テーマにそったものの名前をカードに書く。背後に回した名札に本人に見えないようにカードを入れ合ってゲーム開始。歩き回って質問をし合う（10分程度）。1人につき1つだけ質問し，同じ人には質問できない。時間になったら，自分のカードの名前は何かをあてる。

協力を高めるポイント：振り返りで子どもたちに参考になったヒントを発表させたり，「どのヒントが特に役に立ったかな？」と声をかけたりして，目的を達成できたのは「友達のおかげ」と感じられるようにする。そのうえで2回目を行うと，より協力が深まる。

「私は誰でしょう」ジョセフ・B・コーネル著，日本ネイチャーゲーム協会監修『ネイチャーゲーム1　改訂増補版』柏書房，2000年を参考に作成。

相互補完 / 学級活動 総合 / 30〜45分 / 中・高学年

ゲーム3　みんなつながり

活動場所：オープンスペース

準備物：名札を1人1つ

ねらい：互いの「つながり」を考えながらコミュニケーションし，クラスへの所属意識を高める。

なぜこのグッズ？：役割をその場で決め，提示できる。

手順：いくつか提示したテーマ（動植物，人・物等）から，つながりやすそうなものを書き，名札に入れる。「3人から5人」と人数枠を決めて始める。お互いの名札を見て「つながり」がありそうな者同士で声をかけ合い，人数枠の範囲で集まる。最後に「何つながり」か発表し，学級全員がつながったことを喜び合う。

協力を高めるポイント：全員が「何らかのつながり」に属せることがめあてであると強調し，孤立する子が出ないようにする。「どんなつながりがあるか，教え合ってもよいよ」「組みかえてもよいから全員つながろう」と声をかけ，すでにグループをつくっている者にも考えさせる。

第3章　キラリと光る応用グッズ

文房具・スポーツ用品

紙テープ

土田　雄一

お役立ち度　★★★

グッズの特性・注意点

特 紙製で持ち運びしやすく，手軽に活用できる。さまざまな色があり，カラフル。

注 切れやすく，水にぬれると弱い。日光に長く当たると変色するなど，耐久性に欠ける。

便利な使い方

　カラフルさを生かして，入学式，卒業式，お楽しみ会などの飾りつけに使うことが多い。色の種類が多いことから組み合わせたり，色でグループ分けしたりと活用できる。弱点である切れやすい特性を生かし，いかに切らずに続けられるかを競うゲームもできる。

○教室の飾りつけに

　➡お楽しみ会や入学式，卒業式などで垂らしたり，鎖状につなぎ合わせたりして，飾りつけにする。

○「紙テープ障害物リレー」

　➡紙テープをさまざまな高さに張りめぐらせたコースを，テープを切らないよう跳んだりくぐったりしながら，リレーをする。

相互補完 | 学級活動体育 | 15分 | 低・中学年

ゲーム1　グループジャンプ

「せ〜の」
「行くよ〜」

テープを持っている人が動いて足元を通す

第3章　キラリと光る応用グッズ

活動場所：体育館

準備物：紙テープ1巻

ねらい：テープを切らないよう，全員で協力してジャンプする。

なぜこのグッズ？：長さが調節でき手軽。切れやすいので，失敗したときがわかりやすい。

手順：長縄跳びの要領で行い，紙テープを持った2人が，メンバーの足下をすくうように移動する。全員が跳び終わったら，頭上を通して前に戻る。時間内（1分程度）に何回跳べるか。引っかかっても紙テープが切れなければよい。

協力を高めるポイント：「紙テープを切らずに跳ぶ」ための作戦会議をする（紙テープを引っ張る人，1列の人数等）。失敗したときは成功するための方策を考えさせる。苦手な子をどこに配置するか，どうフォローするかが大切。

展開上のコツ：協力し合うことを強調し，失敗した人を非難しないことを約束する。紙テープの長さを変えたり，グループを分けて回数を競い合ったりすると楽しい。

加藤恭子「ジャンプ，ジャンプ」家本芳郎編著『5分間でできる学級遊びベスト90』たんぽぽ出版，2002年を参考に作成。

相互補完 / 学級活動 体育 / 15分 / 中・高学年

ゲーム2　逃亡者は一心同体

●リレー　　　　　　　　　●おにごっこ

「しまった！」

カラーコーンを回って次のペアにリレーする

「あっ」

活動場所：体育館・校庭

準備物：50cmの紙テープをペアで1本，カラーコーンを必要数

ねらい：2人の息を合わせ，互いに協力してゲームを楽しむ。

なぜこのグッズ？：結びやすく，2人の息が合わないと切れやすい。長さの調整がしやすい。

手順：2人組をつくり，手首を紙テープで結ぶ。2人の間隔は30cm以上離す。テープを切らないように気をつけながら，2人組でのリレーやおにごっこをする。手をつなぐより自由度がある分，紙テープが切れやすい。

協力を高めるポイント：「補い合う心」をテーマに行う。2人で紙テープを切らないための話し合いをする。グループ対抗リレーを行うときは，グループ内で切らないためのコツを教え合うとよい。

展開上のコツ：グループ対抗リレーの後に，おにごっこをやるとよい。切れた組は作戦会議をして再度挑戦できる。授業参観などの機会に親子で行っても楽しい。

ゲーム3　スピードランナー

※紙テープが地面につきそうになったら，グループのほかの人が紙テープの端を持って伴走してもよい。伴走する人は，事前に話し合って決めておく。

活動場所：体育館・校庭

準備物：50cm程度の棒（バトン等）に紙テープ2～3mを貼りつけたものを各グループ1本

ねらい：各自の個性・技能に応じた役割を話し合って決め，協力してリレーを行う。

なぜこのグッズ？：軽くて浮かびやすい。長さの調節が簡単。

手順：1グループ8～10人で校庭2周リレーを行う。1人がどのくらいの距離を走るのかは話し合いで自由に決める。棒につけた紙テープが地面に着かないように走る。地面に着いたらペナルティとして，次の走者が3秒足止め。

協力を高めるポイント：役割分担や棒の受け渡し方などを決める会議をする。実施後に作戦の見直しをするとよい。失敗した子を責めないで補い合う方法を工夫させる。

展開上のコツ：リレーの状況をみて，「紙テープの長さを変える」「距離のハンデをつける」「スタートを遅らせる」などの工夫をすると接戦になり楽しい。

文房具・スポーツ用品

ビブス

土田　雄一

お役立ち度　★★★

■ グッズの特性・注意点

特 メッシュで通気性がよい。ポリエステル100%なので丈夫で，洗濯して繰り返し使える。4色（赤・青・黄・オレンジ）あるので，チーム分けに使える。軽く，着脱が簡単。

注 サイズが1種類（胸囲65〜84cm，身長140〜160cm）のみで子ども用のため，体格のよい子はサイズが合わないことがある。熱に弱い。

■ 便利な使い方

着脱がしやすく，マジック等で番号や名前を書き込むことができる。体格のよい子が多いときは，ビブスの脇の縫い目をほどき，平ゴムや幅広の布などを縫いつけて横幅を広げるとよい。

○体育で使用する

　➡各色10枚程度あれば，サッカーやバスケットボールのチーム分けに使える。リレー等では，アンカーの目印にもなる。

| 合意形成協力体験 | 学級活動体育 | 15分 | 低・中学年 |

ゲーム　ビブス着せかえリレー

次の子が着せかえ係をする →

← 手は離さない

活動場所：体育館・校庭

準備物：ビブスを各グループ1枚

ねらい：ビブスを効率よく渡すためのポイントを話し合い，協力してリレーをする。

なぜこのグッズ？：手軽で丈夫。着脱が容易にできる。

手順：1グループ6〜8人程度。ビブスを着た人ともう1人が向かい合って両手をつなぎ，着せかえ係がビブスを引っ張って相手に着せる（裏返しになる）。次の人も同様に両手をつないで着せかえをしていく。着せかえるときは手を離さずに行い，グループごとの早さを競う。

協力を高めるポイント：グループ全員で1度練習し，早く受け渡すための作戦会議をする。順番や渡し方などを話し合うとよい。ゲームで行うと抵抗が少ないものの，身体接触があるので，配慮が必要。

展開上のコツ：タイムを計り，2回目はタイム短縮に挑戦するとよい。体格のよい子がいる場合，様子を見て改良ビブスを使用する。

第3章　キラリと光る応用グッズ

文房具・スポーツ用品

ピンポン

土田　雄一

お役立ち度　★★★

■ グッズの特性・注意点

特 軽くてよく弾む。風の影響を受けやすい。手軽に活用できる。表面に絵を描くこともできる。

注 強く叩くと割れたりつぶれたりする。へこんだときは，お湯につけて温めると元に戻りやすい。

■ 便利な使い方

　本来卓球で使う。「長く続ける」というルールで行うと，ラリーを続けるために相手のことを考えた受け渡し方をするので人間関係づくりに役立つ。軽いので，室内野球などで簡単に変化球が投げられて面白い。絵や模様を描いて楽しんだり，算数の数を表すものとして活用したりできる。

○「フーフーピンポンリレー」

　➡丸い筒（ラップの芯など）でピンポンに息を吹きつけて転がしながら進むリレー。筒がピンポンに触れてはいけない。

○「バウンドシュート」

　➡相手コートに置いたかごやビンに，ピンポンをワンバウンドさせて入れ，数を競う。かごやビンの位置は，相手グループが決める。

| 協力体験 | 学級活動 | 20分 | 中・高学年 |

ゲーム　流しピンポン

（ドンマイ！もう1回がんばろう！）
（あっ！）
（そ〜っとね…）
（いくよ〜）

※流し終わったら列の後ろに回って並び、といをつなげて流していく。

活動場所：体育館

準備物：ピンポンを各グループ1個，輪ゴム3本をかけて半円筒状にしたノートのといを1人1つ

ねらい：といを使って，ピンポンを落とさないように，グループで協力してリレーをする。

なぜこのグッズ？：軽くて転がりやすく，調節がむずかしい。

手順：1グループ5〜8人。並んで各自横向きにといを持ち，それを使ってピンポンを転がして，10mほど離れたゴールまで順に渡していく。ピンポンを落とさず早く運んだグループの勝ち。落としたらスタートに戻ってやり直す。

協力を高めるポイント：失敗しても非難しないことを約束し，順番，流し方，配置等について作戦会議をする。「といの角度も試して考えてみよう」など助言をする。

展開上のコツ：ゴールまでは全員のといをつなげても足りない距離にする。1度グループで練習してから本番を行うとよい。慣れたら往復させてもよい。

第3章　キラリと光る応用グッズ

95

その他

ひらがなトランプ

合田　実

お役立ち度　★★★

グッズの特性・注意点

特 50音すべてがヒントの絵と一緒にのっていて，言葉遊びで活用できる（トランプは52枚なので絵のみのものもある）。くじにも使える。

注 紙製なので，耐久性に欠ける。

便利な使い方

休み時間にトランプをすることで，グループ内でのおだやかな関係をつくりやすい。低学年では「ルールを守る」「順番を守る」などの練習にもなる。ひらがなが書かれているので用途が広がる。例えば，クラス全員の頭文字のカードを集め，役割を決めるときにくじ引きのように使える。

○「ことば連想ゲーム」（低学年向け）

　➡トランプの山から1枚を引き，その文字から始まる言葉を連想する。

○「今日のめあてを考えよう」（高学年向け）

　➡毎日1枚のカードを引かせ，その文字（もしくはその文字を含む単語）から始まる1日のめあてを考える。

相互補完　学級活動　15分　全学年

ゲーム　あなうめ言葉

※名前・地名等、名詞なら何でもよい。
※濁点やつまる音(促音)は、だ→た　っ→つ とおきかえる。

問題　か　し

かで始まり
しで終わる言葉を
考えましょう

かぶとむし　とか
かんざし
からし
かねしろ　たけし

第3章　キラリと光る応用グッズ

活動場所：教室

準備物：ひらがなトランプを各グループ1組，四つ切画用紙を各グループ1枚，クリップを必要数

ねらい：グループで協力し，話し合ってよりよい案を考え出せる。

なぜこのグッズ？：50音があり，イラストもヒントになる。

手順：1グループ2～3人。お題として初めと終わりの2文字を示し，中にどんな文字を当てはめると言葉になるか考える。トランプの文字を使って言葉をつくり（字数制限なし），カードを画用紙にクリップでとめて発表する。

協力を高めるポイント：1人1人がばらばらに考えているグループには，「思いついたことを言ってみると，友達のヒントになるよ」など，個々で考えるのではなくグループで協力して考えるよう促す。

展開上のコツ：お題は教師がたくさん考えておく。「1文字10点」「使ったカードの数字部分を足して得点にする」など，ルールを自分たちで考えさせて行うと楽しい。

97

その他

ひらがなスポンジ

合田　実

お役立ち度　★★★

グッズの特性・注意点

特 立体的で持ちやすく，持ったときの触感もよい。浴室用マットと同じ素材なので，耐久性に優れ，水に浮かせて遊ぶこともできる。

注 2袋で50音が完成するので，やや高価である。

便利な使い方

本来は知育玩具として開発されたもの。書いてあるひらがなを利用して，いろいろな言葉遊びに使うことができる。学年を問わず国語の授業でフラッシュカードとして利用したり，教室環境の壁面装飾に使ったりすることもできる。同様の形状で，カタカナやアルファベットのスポンジもある。

○教室の壁面装飾に

　➡壁面の「れんらく」などコーナー名の飾りつけや見出しに活用する。

○「あなうめ言葉」(P.97参照)

　➡最初と最後の文字を提示し，中に文字を当てはめて言葉を考えさせる。アルファベットのスポンジで行えば，英語学習でも使える。

ゲーム1　みんな集まれ！

（欄外上）相互補完／学級活動／15分／中・高学年

（欄外右）第3章　キラリと光る応用グッズ

※孤立する子が出そうなときは，1度できたグループを解体してつくり直してもよい。
※時間は状況に応じて決める。

活動場所：体育館・校庭

準備物：ひらがなスポンジを1人3個程度

ねらい：学級の友達と互いにコミュニケーションをとり，集団意識，仲間意識を育てる。

なぜこのグッズ？：丈夫なので長時間握りしめたり持って移動したりしても傷まず，何度も使える。

手順：1人3個文字ピースを持つ。1回につき1人が使えるピースは1個。「動物，3文字以上」などのお題に合わせて集まり，条件にあった言葉をつくって座る。

協力を高めるポイント：「あまり話したことのない人と組んでみよう」「男女混合」等声をかけたりルールを決めたりすると，集団のコミュニケーション力が高まる。

展開上のコツ：お題は学年やクラスの実態を考慮して決める。初めは理解しにくいので，1人1個で練習して感覚をつかませる。文字は，頻繁に使うものとそうでないものがあるので，偏りがみられたら文字ピースを交換する。

役割遂行 | 体育（水泳） | 30分 | 低・中学年

ゲーム2　おぼれる動物を助けろ！

活動場所：プール

準備物：ひらがなスポンジを各グループ1組，フラフープ4本

ねらい：グループで役割を考えながら，仲よく安全に活動する。

なぜこのグッズ？：水に浮くので，言葉遊びを通して水に慣れることができる。

手順：1グループ4人。文字ピースを行別に分け，プールの4か所に浮かべたフラフープの中に入れる。教師が救出する動物の名前を言い，グループ全員でそれぞれのピースを取りに行き，早く言葉を完成させたグループの勝ち。

協力を高めるポイント：作戦会議をして，役割を分けるなど，協力して言葉を集めるように助言する。

展開上のコツ：実態に応じフラフープの数を増減してもよい（グループの人数はフラフープの本数に応じて増減する）。お題はピースの分け方に応じてあらかじめ用意しておく。応用編として，有名人の名前などにすると長くなり，楽しんで行うことができる。

| 相互補完 | 学級活動 | 15〜20分 | 全学年 |

ゲーム3　リズムでドン

※2つのグループには同じ8文字の組み合わせを渡す。グループ内でどう分けるかは自由。
※トーナメント戦，リーグ戦などにして勝敗を競ってもよい。

活動場所：教室

準備物：ひらがなスポンジを各グループ1組，メトロノームなどリズムをとるもの

ねらい：同じ目標のために互いに協力し合い，失敗しても相手を許す気持ちをもつことができる。

なぜこのグッズ？：文字が大きく立体的で，ひと目で判断できる。

手順：リズムがとれる音（音楽でもよい）をBGMとして流す。1グループ4人で2グループずつ対戦する。両手に文字ピースを持って横に並ぶ。教師がお題となる3文字の言葉をリズムにのって言う。それに合わせ，自分が持っている文字ピースをリズムにのってあげる。5回行い，ミスの少ないグループの勝ち。

協力を高めるポイント：すぐにはうまくできないので，練習時間を多めにとり，グループで練習しておくと連帯感が高まる。

展開上のコツ：お題はあらかじめ考えておく（P.116参照）。子ども同士で問題を出し合ってもよい。

その他

風　船

生井　久恵

お役立ち度　★★★

■ グッズの特性・注意点

特 カラフルで形や大きさなど種類が豊富。入れる空気の量で自由に大きさを変えることができる。100円でたくさん用意できる。

注 割れやすい。時間がたつとしぼんでしまうので，何度も使うことはできない。

■ 便利な使い方

教室掲示やお楽しみ会などの飾りつけに使える。また，軽くて投げやすく，ボールのように使用することもできる。割れやすい弱点を逆に生かして，割らないための工夫を考えたり，あるいはどうやったら早く割れるかを競ったりするゲームに使うこともできる。

○「ふわふわ風船わっしょい競走」
　➡ 4人で風船をうちわであおいで浮かせ，協力しながら運ぶ。落とさずに運び，早くゴールしたグループの勝ち。

○「私の心を届けます」
　➡ ハート型の風船を，2人で手を使わず体で挟み，割らないように運ぶ。

中・高学年 | 15分 | 学級活動 体育 | 役割遂行

ゲーム1　風船取り

第3章　キラリと光る応用グッズ

「それっ!!」

活動場所：体育館

準備物：風船を各グループ10個，ゴミ袋（大）を各グループ1枚

ねらい：投げ手，受け手がお互いの役割を考えながら工夫して行動することができる。

なぜこのグッズ？：軌道が定まりにくく，受けづらいので，取るために工夫が必要になる。

手順：1グループ5～6人。ゴミ袋をもって風船を受ける人（1人）と風船をふくらませて投げる人に分かれ，2～3m程度空けて向かい合う。お互いにラインを越えてはいけない。投げ手は風船をふくらませて投げ，受け手はゴミ袋を使って風船を取る。制限時間内に取った数を競う。

協力を高めるポイント：受け手が取りやすいように気をつけて投げることを重視させる。作戦会議でふくらませる人，受ける人，投げる順，コツなどを話し合わせる。

展開上のコツ：状況に応じて，距離を離したり，風船の大きさを変えたりするとよい。

| 役割遂行 | 学級活動 | 15分 | 3年生以上 |

ゲーム2　ドキドキ　テープはがし

※テープは，セロハンテープ・ガムテープなど異なる種類を貼る。
※音が苦手な子は耳をふさいでよい。本人がはがす時は友達にふさいでもらう。

活動場所：教室，バスの中

準備物：セロハンテープなどを貼りつけた風船を各グループ1つ

ねらい：風船を割らずにできるだけ多くのテープをはがすために，グループで協力する。

なぜこのグッズ？：テープを上手にはがさないと割れるというスリルがある。

手順：8～10人で1グループになり，各グループにテープをたくさん貼った風船を渡す。グループのメンバーは風船を割らずにテープを1つはがし，次の人に渡していく。制限時間内に，風船を割らずたくさんのテープをはがしたグループの勝ち。

協力を高めるポイント：「上手な人ははがしにくそうなものに挑戦してみよう」など，役割を果たしながら進めるように声をかける。

展開上のコツ：不器用な子もいるのではがしやすいものを混ぜておくとよい。テープをはがすことに集中できるので，バスの中で行うと，乗り物酔いを防ぐ効果もある。

合意形成 ／ 学級活動 ／ 20分 ／ 全学年

ゲーム3　風船割りリレー

第3章　キラリと光る応用グッズ

活動場所：体育館

準備物：風船をペアで1つ，空気入れを各グループ1つ（なければ自分たちでふくらませる）

ねらい：どうやれば早く目的を達成できるか考え，グループの仲間と話し合って行動する。

なぜこのグッズ？：割れるかどうかの緊張感を味わうことができる。

手順：1チーム8〜10人。グループ内で2人組をつくる。ペアで風船の置いてある所まで走り，1人が割りやすい大きさまで風船をふくらませ，もう1人が手を使わずに風船を割る。割れたら戻って次のペアにリレーし，早く全員がゴールしたグループの勝ち。

協力を高めるポイント：事前に作戦会議をし，ふくらませる役と割る役を分担し，協力してゲームをしようとする気持ちをもたせる。

展開上のコツ：事前に風船をグループに1つ配り，どのくらいの大きさなら割りやすいか，実物で試しながら話し合っておく。役割を交換して再実施してもよい。

その他

プラチェーン

土田　雄一

お役立ち度　★★★

グッズの特性・注意点

特 薄いポリエチレン製で，チェーンピース内に空気が入っていて柔らかい。丈夫で，繰り返し使える。1つのピースにつなぐ部分が3カ所あり，ほかのプラチェーンと着脱ができる。

注 空気が入っているので，ややかさばる。

便利な使い方

　本来は幼児用知育玩具。カラフルでつなぎ合わせるとお楽しみ会などの飾りつけになる。着脱可能なことを生かしたゲームができる。

○「ペアチェーンリレー」
　➡ペアでプラチェーンを1つずつ持ち，つないで外れないように走り，次のペアにリレーする。3人組で行うと難易度が増して楽しい。

○「カラーチェーン」
　➡プラチェーン（5色）を配り，同じ色のプラチェーンを持った子で集まる。そこで好きな教科など共通点を見つけ合って発表する。

自己開示・他者理解 / 学級活動 / 20分 / 全学年

ゲーム　フレンド・ウェブ

（イラスト内のセリフ）
- 私も算数が好き！
- 一輪車に乗ることが好き
- 算数が好き
- 漢字が苦手
- プラモデルが好き
- 虫とりが好き

第3章　キラリと光る応用グッズ

活動場所：教室，オープンスペース

準備物：プラチェーンを1人2個

ねらい：友達と自分の共通点を見つけだし，理解と共感を深める。

なぜこのグッズ？：着脱が容易で，3人以上の組み合わせも可能である。身体接触がないので，抵抗感を減らすことができる。

手順：両手に1つずつプラチェーンを持つ。歩き回って友達と話をし，「好きなこと」「苦手なこと」など，似ているところを発見したらチェーンをつなぐ。つながる所は3ヶ所あるので，ほかの人も同じ共通点でつながることができる。全員がつながったら終了。

協力を高めるポイント：自分から話しかけたり，うまく話せなかったりする子には周りから声をかけるよう，事前に約束しておく。

展開上のコツ：制限時間を設けたり，「円になる」という条件をつけたりして実施すると活性化する。振り返りをし，つながった気持ちを伝え合ったり全体で発表する。

その他

アルファベットパズル

土田　雄一

お役立ち度　★★★

グッズの特性・注意点

特 プラスチック性で丈夫。六角形のはめ込み式で，ほかのピースと組み合わせることができる。カラフルで，裏表両面の活用が可能。

注 やや小さい。はめづらいものもある。

便利な使い方

　幼児用の英語学習知育玩具で，アルファベットを生かして，ローマ字や英単語の学習に活用できる。母音3組（15個）と子音（21個）の36個。つなぎ合わせて花などの形を作ることができ，掲示物にもできる。

○「可変式すごろくトーキング・ウェブ」
　➡ピースに「聞きたいこと」を書き，つなげてすごろくをつくる。サイコロを振り，止まったピースに書いてあることについて話をする。

○「アルファベットピースタワー」
　➡ピースの「アルファベット」「含まれる単語」を言いながらABCの順番に平らに積んでいき，どれだけ高く積めるかを競う。

| 合意形成 | 学級活動 総合（英語） | 20分 | 4年生以上 中学生 |

ゲーム　ABC　つなげて見つけよう

（吹き出し）
- USIもできそうだね
- Aさんと合わせるとWANI（ワニ）ができる
- お題は動物の名前です
- ここにつなげばSIKA（シカ）になる
- WANIのNとこのRをつないでRAION（ライオン）

第3章　キラリと光る応用グッズ

活動場所：教室

準備物：アルファベットパズルを1人母音3個・子音3個ずつ（各グループ1セット程度）

ねらい：お互いのピースを合わせて言葉をつくることを通じて、合意形成の力を育てる。

なぜこのグッズ？：丈夫で着脱ができ、3方向へ組み合わせが可能。

手順：1グループ4人。決められたお題（例：野菜・動物）に合わせ、4人でピースをつなげてローマ字の言葉（例：NASU・SARU）をつくる。グループで時間内につくった単語の数を競う。

協力を高めるポイント：「縦横どちらからつなげてもいいですよ」など、自由に組み合わせて単語を考えるようアドバイスする。

展開上のコツ：自分のピースは自分ではめる約束にする。「C」「Q」などローマ字にないものを抜いたり、母音にマーカーで色をつけたりしておくとわかりやすい。「声を出さずに行う」「英単語作成」などルールを変更してもよい。

付録：100円グッズを使った授業例―みんなで楽しい学級をつくろう―

1．本実践のねらいと100円グッズ

　グループで協力し合う気持ちをつくり，相手と自分の双方の利益を考えた交渉力が身につく。全員で教室掲示物を作ることで，学級への所属意識を高める。

　100円グッズには，安くて子どもが好む素材が多い。特に工作などに使える素材は多く，そのまま教室環境に使える。今回の実践は各グループ1素材ずつ，共通で用意する台紙や素材も100円なので，合計1200円程度で実施可能である。

2．全体計画（全4時間）

	授業内容	領域	時数
1次	すてきな教室環境をつくろう（配布・説明・設計・交渉） ※「7．本時の展開」（P.111）参照。	学級活動	1時間
2～4次	すてきな教室環境をつくろう（作成） ・前時までに集めた素材を使い，設計にそって掲示物を作成する。	図工	3時間

3．使用する100円グッズ・準備物

　包装紙・色画用紙・リボン・モール等（各グループ1素材ずつ選ぶ），台紙（各グループ1枚），紙粘土（必要量）。はさみ・のり・絵の具など工作用具。

4．協力を高めるポイント

　物々交換の交渉で，「自分たちだけでなく相手もよかったと思えるよう考えてみましょう」「全グループの掲示物を全員で作るつもりで交換しましょう」等，声をかけるとトラブルになりにくく，学級全体で協力しようという気運も高まる。余った素材は交渉でもらうことができるというルールにすると，もらえることにありがたみを感じ，協力体制が深まる。

5．展開上のコツ

　「掲示物を作って，自分たちだけのすてきな教室をつくろう」と声かけをすると，学級への所属意識も高まり，活動意欲も増す。また，「クリスマス」「夏」など季節に合わせた多様なテーマでの実践が可能である（月1回の定例にしてもよい）。季節ごとの教室環境づくりを学級づくりの柱に位置づけて行ってもよい。

6．応用として

　本実践は紙などの素材を使って行ったが，100円ショップではさまざまな素材を扱っている。「板・木ぎれ」「布」「和紙・千代紙」「ダンボール」等，そのときのテーマに合わせて素材の種類を変えて実施しても面白い。

7. 本時の展開（小学校4年生）

手　順	留意点等
1. これから何を行うか説明する。 「もうすぐクリスマスです。みんなで教室に掲示物を作って飾って，雰囲気を盛り上げよう！」 2. やり方を説明する。 「グループごとに，台紙とグッズを1種類だけあげます。先生は紙粘土を持っています。これは使いたいグループみんなにあげます」 ※全グループが使いたがりそうな素材（ここでは紙粘土）は教師が持ち，必要に応じて配る。 3. 物々交換のルールを説明し設計図を書かせる。 「ほかのグループの素材と自分のグループの素材を交換することもできます。まず，どんなものを作るかグループで話し合いましょう」 4. 物々交換の交渉をさせ，実際に作り始める。 「交渉はお互いのことを考えてしましょう」	・1グループは4～5人程度。 ・季節にあったテーマが盛り上がる。 ・素材を用意し，1種類ごとに封筒に入れておく。各グループが選んだ後，全体に披露して，どんな素材があるかを確認し合う。 ・交渉はうまくいくものとして考えさせる。交渉後の設計図の変更は自由と伝える。 ・教室掲示物を全員で作り上げることを意識させる。

（文責：合田　実）

付録：おみくじシート

今日の運勢

　　　大　吉

○今日のあなたはついています！
　思いきって行動してみましょう。
○ラッキーワード
　ありがとう
○ハッピーな気分を友達や家族に分
　けてあげるとさらに運気上昇！

今日の運勢

　　　絶　好　調

○運気は好調。新しいことにチャレ
　ンジしてみたら？
○ラッキーワード
　ソーリィ
○友達との関係もさらによくなりそ
　う。友達の持ち物や髪型，いいと
　ころをほめてみよう。

今日の運勢

　　いねむり注意報！

○お疲れ気味かな？　授業中眠いと
　きは発表しよう。目が覚めるよ。
○ラッキーワード
　お先にどうぞ！
○今日は好きな音楽でも聞いてのん
　びりしよう。お風呂にゆっくり入
　るのもいいかも。

今日の運勢

　　七転び八起き

○終わりよければすべてよし。いい
　ことも悪いこともあるかもしれな
　いけど，最後にうまくいけば○。
　大丈夫。何とかなるよ。
○ラッキーワード
　大丈夫，大丈夫

今日の運勢

　　　元気回復

○ここのところちょっと調子の出な
　かった人もようやく回復してくる
　よ。気持ちも体も元気になりそ
　う！
○ラッキーワード
　元気はつらつ！

今日の運勢

　　カミナリ注意報

○何か誤解か失敗があって，しから
　れることがあるかも。でも大丈
　夫。心から謝れば，相手もわかっ
　てくれそう。先生が味方になるよ。
　運気が回復します。
○ラッキーワード
　ごめんなさい

※詳しい進め方はP.67参照。以下は一例である。使うときは1枚ずつ切り離す。

元気が出る言葉（友達関係編）
　　　　一緒（いっしょ）に遊ぶ？
○ちょっとへこむときもあるけれど，今日は気分転換（てんかん）。一緒に遊びましょう！　外で元気に遊ぼう！
○ラッキーワード
　ありがとう

元気が出る言葉（友達関係編）
　　　私はあなたの味方だよ！
○ちょっとしたトラブルがあっても私はあなたの味方。そして，ほかにもあなたの味方はきっといますよ。いまはそれが見えないだけ。大丈夫。霧（きり）はいつか晴れる。
○ラッキーワード
　お先にどうぞ

元気が出る言葉（友達関係編）
　　　「雨降って地固まる」
○ケンカやトラブルは友達同士でよくあること。でも，きっと大丈夫。もっと仲よくなれるよ。
○ラッキーワード
　ごめんね。そして，ありがとう。

元気が出る言葉（テスト編）
　　これで人生終わりじゃないよ
○ちょっとへこむけど，テストはまたある。苦しいかもしれないけど，勉強にチャレンジしてみよう。疲（つか）れたところでひと頑張（がんば）りするのがポイント。
○ラッキーワード
　ちょっと教えてくれない？

元気が出る言葉（総合編）
　「眉間（みけん）のしわ」より「目尻（めじり）のしわ」
○鏡のなかの自分は，「眉間のしわ」が増えてませんか？　嫌（いや）なことはあるけど，そこは軽く流して，にっこり笑顔を。「目尻のしわ」はやさしさの印。
○ラッキーワード
　それ，いいね！　すてきだね！

元気が出る言葉（総合編）
　　今日はうだうだしてみませんか？
○気持ちがどうしても前に向かない日はあります。そんな日は，のんびりだらだら，うだうだ，ゆるゆる…そんな日もありますよ。
○ラッキーワード
　お疲（つか）れさま

付録：「台風が来たら」役割カード

わたしはコナラです

日光と土から栄養をもらっています。秋にはドングリの実をつけます。鳥やネズミやクマなどのエサになります。森では雨がふったときに水をためたり，空気をきれいにしたりします。

わたしは土に住む微生物です

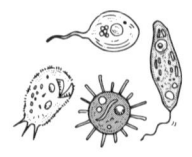

里山の土の中に住んでいます。コナラなど木の葉や動物たちのフンや死がいを分解して，土の栄養にします。土の中には，わたしの仲間がたくさんいます。

わたしはクマです

夏は山菜や昆虫などを，秋はブナやドングリなど木の実を食べ，冬は冬眠します。体が大きく多くの食料が必要です。フンは微生物が分解します。おくびょうで，村に近い里山に住んでいます。

わたしはネズミです

里山に住んでいます。コナラなどのドングリの実や昆虫などを食べています。クマは高いところのドングリを食べ，わたしは地面に落ちたドングリを食べます。クマが来るとわたしは逃げます。

わたしは人間です

里山に近い村に住んでいます。田畑をつくっています。米や野菜，動物の肉などを食べます。会社にも勤めています。もう少し，交通の便がよくなるといいと思っています。

わたしはバッタです

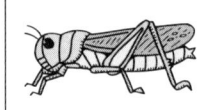

里山に住んでいます。コナラなど木の下草を食べています。ときどき田の稲を食べたり，畑の作物の葉を食べたりすることがあります。鳥などには食べられてしまいます。

わたしはヤマガラです

里山に住んでいる鳥です。コナラなどのドングリや木の実や虫を食べています。食べた木の実はわたしのフンから芽を出します。

付録：「台風が来たら」アクションカード

アクションカード1
「夏の終わりに，大きな台風が来ました！」

台風は，里山を直撃。コナラなどの木をゆさぶり，ドングリなどの木の実がたくさん落ちてしまいました。里山のみんなの生活はどうなるでしょう？

アクションカード2
「新しい道路ができることに！」

里山を切り開いて道路を造る計画があります。村人の生活は便利になります。コナラなどの木はたくさん切り倒されます。里山のみんなの生活はどうなるでしょう？

アクションカード3
「里山と田畑に殺虫剤をまいたら！」

例年に比べて，稲に虫がつくことが多いので，飛行機で里山一帯に殺虫剤をまくことにしました。里山のみんなの生活はどうなるでしょう？

※詳しい進め方はP.73を参照。このほかにも影響のある状況を考えておくとよい。
※ドングリがなくなったら「クマが困る」だけでなく「困ったクマはどうする？」と問いかけ，里山に降りてくる可能性に気づかせる。台風では「田畑の作物に影響がある」「ヤマガラのエサがなくなって，虫が食べられるかもしれない」など，さまざまなことに影響したり，影響が連鎖したりすることに着目させる。
※アクションカード2では，森林がなくなることによる影響を考えさせる。アクションカード3では，殺虫剤の使用による虫の死だけでなく，微生物の死についても着目させて，影響を考えさせる。

付録：「リズムでドン」お題集

　1グループ4人×2つ＝8つの文字の組み合わせと，それらからつくる3文字の言葉が必要である。以下の8文字を組み合わせると，3文字の言葉が10以上できる。濁音・半濁音は清音で代用する。詳しい進め方はP.101参照。

<い・か・そ・す・つ・な・ま・ゆ>
○ナマズ　　　　　○スイカ　　　　　○すいそ（水素）　○ますい（麻酔）
○すまい（住まい）　○まなつ（真夏）　○いなか（田舎）　○なかま（仲間）
○ついか（追加）　○そまつ（粗末）　○ゆかい（愉快）　○かゆい（痒い）

<た・と・や・え・き・せ・ら・ひ>
○どせき（土石）　○せきひ（石碑）　○ひきど（引き戸）○ひらや（平屋）
○だえき（唾液）　○ひらき（開き）　○ひとえ（一重）　○たとえ（例え）
○やたら　　　　　○やせた（痩せた）○ひえた（冷えた）○きえた（消えた）

<く・よ・こ・る・は・さ・お・み>
○クルミ　　　　　○ミルク　　　　　○こよみ（暦）　　○おくば（奥歯）
○はさみ　　　　　○おさる（お猿）　○よこく（予告）　○さこく（鎖国）
○おこる（怒る）　○こおる（凍る）　○みはる（見張る）○くばる（配る）

<う・め・も・ち・し・ふ・け・の>
○メノウ　　　　　○もうふ（毛布）　○のぶし（野武士）○うぶげ（生毛）
○けもの（獣）　　○めうし（雌牛）　○もうけ（儲け）　○ちのう（知能）
○けじめ　　　　　○ふしめ（節目）　○ふもう（不毛）　○しのぶ（忍ぶ）

<て・ね・へ・ろ・り・む・に・あ>
○リベロ　　　　　○ベロア　　　　　○デニム　　　　　○リニア
○テリア　　　　　○ヘテロ　　　　　○ねむり（眠り）　○ぺろり
○あてろ（当てろ）○ねてろ（寝てろ）○アテネ　　　　　○ねむろ（根室）

　これらの8文字以外でも，自由に8文字を選んで組み合わせるとよい。子どもたち同士に文字の組み合わせと言葉を考えさせても面白い。

あとがき

　「ひょうたんからこま」。本書は，まさにその言葉が当てはまる。

　当初，編集部の東さんが私の研究室を訪れたのは，「創作トランプ研究会」の話を聞くことが目的であった。「100円グッズを活用した演習」の話は，そこででてきたおまけの話だったのである。しかし，おまけのほうが「面白い」という評価を受けた。そして，本書を編集することになったのである（『こころを育てる創作トランプ（仮）』は2006年秋刊行予定）。

　時間がないなか，「創作トランプ研究会」（現在は「教材開発研究会」に改称）のメンバーがゲームづくりや執筆の協力をしてくれたので本当に助かった。執筆者には名前が載っていないが，千葉市立花園小学校の野村幸能先生や市原市立光風台小学校の山本明子先生らも編集会議に加わって貴重な意見をいただいた。感謝している。

　「まえがき」でも述べたが，先生方の工夫次第で，もっと面白くて子どもたちの人間関係が促進される協力ゲームができる。

　本書はそのための「たたき台」，「参考資料」である。本書を読んで，もっとよりよいゲームが生まれ，読者のみなさんの手で続編をつくることが私の願いである。それは，子どもたちによりよい実践を提供していくことにもつながる。

　最後に，今回の編集を担当した図書文化社の東則孝さんや何度も連絡を取り合い，完成までサポートしていただいた牧野希世さんには本当に感謝している。ありがとうございました。

2006年4月

　　　　　　　　　　　　　　　　　　　　　　　　　　土田　雄一

◆編　著

土田　雄一　つちだ・ゆういち
千葉大学教育学部附属教育実践総合センター助教授。
1957年秋田県大館市生まれ。千葉大学大学院教育学研究科学校教育臨床専攻修了。専門は教育相談，道徳教育。千葉県市原市立有秋西小学校を振り出しに，1987年には南アフリカ共和国ヨハネスブルグ日本人学校へ。千葉県長期研修生（道徳）。市原市立京葉小学校，市原市教育センター指導主事，同市立明神小学校，千葉県子どもと親のサポートセンター研究指導主事を経て，現職。上級教育カウンセラー。著書に，『国際性を育てる道徳の授業』明治図書，『クラスの荒れを防ぐカウンセリング』（共編著）ぎょうせい，『「心のノート」とエンカウンターで進める道徳　小学校編』（共編著）明治図書，『エンカウンターで道徳　小学校高学年編』（共編著）明治図書，『道徳と総合的学習で進める心の教育　小学校中学年編』（共編著）明治図書ほか。

◆分担執筆（50音順，2006年4月現在）

川添　幹貴	かわぞえ・みきたか	市原市立若宮小学校教諭
合田　実	ごうだ・まこと	千葉市立花園小学校教諭
坂本　千代	さかもと・ちよ	昭島市立拝島第三小学校教諭
重　歩美	しげ・あゆみ	千葉大学大学院教育学研究科大学院生
生井　久恵	なまい・ひさえ	松戸市立柿ノ木台小学校教諭
松田　憲子	まつだ・のりこ	習志野市立大久保東小学校教諭
本島亜矢子	もとじま・あやこ	佐倉市立臼井西中学校養護教諭
吉田　英明	よしだ・ひであき	千葉市立都小学校教諭

100円グッズで学級づくり
―人間関係力を育てるゲーム50―

　　　2006年 6 月10日　初版第 1 刷発行 ［検印省略］
　　　2014年12月10日　初版第 5 刷発行

編　　著 ⓒ 土田　雄一
発 行 人　福富　泉
　　　　　株式会社 図書文化社
　　　　　〒112-0012　東京都文京区大塚1-4-15
　　　　　TEL.03-3943-2511　FAX.03-3943-2519
　　　　　振替　00160-7-67697
　　　　　http://www.toshobunka.co.jp/
DTP・装幀　松澤印刷株式会社
イ ラ ス ト　梅本　昇
印 刷 製 本　株式会社　厚徳社

[JCOPY] <（社）出版者著作権管理機構 委託出版物>
本書の無断複写は著作権法上での例外を除き禁じられています。複写される場合は，そのつど事前に，（社）出版者著作権管理機構（電話 03-3513-6969，FAX 03-3513-6979，e-mail: info@jcopy.or.jp）の許諾を得てください。

ISBN978-4-8100-6470-4　C3037
乱丁・落丁本の場合はお取り替えいたします。
定価はカバーに表示してあります。

人間関係づくりに役立つ 土田雄一先生の本

100円グッズで学級づくり

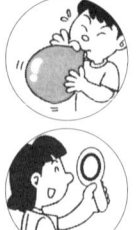

人間関係力を育てるゲーム50

土田 雄一 編著
A5判／120ページ
本体 **1,400** 円

人間関係力は，遊び（ゲーム）を通して身につく。廉価で教育活動に役立つグッズを取り入れることで，ゲームの幅が広がる。

教員の教材開発意欲を刺激し，子どもたちの創造性をも高める **50** のゲームを紹介。

●**本書で紹介するグッズとゲーム**
キッチンタイマー：絶対時感リレー
アイマスク：トラストヒットリレー／トラストアート／いまの私，どんな顔してる？
カラーコーン（小）：両手でキャッチ
メガホン（大）：スーパーモデルリレー／新・聖徳太子ゲーム／メガホン野球
ハンドベル：サウンドナビ
○×カード：自己紹介○×クイズ　　　　……など

大好評！

こころを育てる創作トランプ

ゲームで進める「学級づくり・人間関係づくり」

土田 雄一 編著
B5判／64ページ　本体 **2,000** 円

付録（切り抜きトランプ）・**CD-ROM** 付

「作って」「遊ぶ」で心が育つ！**学級づくり・人間関係づくり**にトランプを活用するアイデア集。トランプで，子どもたちが仲よくなり，互いに思いやる心が育つ，珠玉の実践集。
付録の **CD-ROM** を使えば，オリジナルの創作トランプが手軽に作成できる。

●**内容例**：2学期の目標トランプ／心が元気になるトランプ／家族川柳トランプ／運動会がんばろうトランプ／友達ありがとうトランプ／卒業生思い出トランプ／親子でトランプ／お悩み解決トランプ など

〒112-0012 東京都文京区大塚3-2-1　**図書文化**　TEL03-3943-2511　FAX03-3943-2519
http://www.toshobunka.co.jp/

※本体には別途消費税がかかります